*Grenz*fälle

Texte aus Brandenburg und Schleswig-Holstein

*Grenz*fälle

Texte aus Brandenburg und Schleswig-Holstein

Herausgegeben von Klaus Rainer Goll, Klaus Körner, Till Sailer

Mit Geleitworten von Manfred Stolpe und Björn Engholm
sowie einem Nachwort von Klaus Rainer Goll

vbb verlag für berlin-brandenburg

1. Auflage 2017

Binzstraße 19, D–13189 Berlin
www.verlagberlinbrandenburg.de

Satz und Gestaltung: Florian Behr, Berlin
Covergestaltung: Stephanie Raubach, Berlin,
unter Verwendung des Fotos von Jürgen Ludwig
Provisorischer Grenzübergang bei Katharinenberg
(Bundesarchiv Bild 183-1989-1121-412)
Druck und Bindung: Multiprint OOD, Kostinbrod

ISBN 978-3-945256-82-4

Inhalt

Geleitworte

Texte aus Brandenburg und Schleswig-Holstein

Geleitworte

Manfred Stolpe

Für mich war es immer wichtig, Trennendes zu überwinden

Die deutsche Teilung und ihr sichtbarer Ausdruck als extrem gesicherte und fast unüberwindbare Grenze spielten in meinem Leben – beruflich wie privat – keine geringe Rolle. Ein einschneidendes Erlebnis war für mich der Mauerbau 1961. Ich arbeitete damals als Jurist in der Kirchenverwaltung am Spittelmarkt in Berlin. Mit Entsetzen sahen wir, wie an der nahen Sektorengrenze Stacheldrahtrollen ausgelegt wurden. Immer wieder sprangen Menschen darüber hinweg in den amerikanischen Sektor – in den ersten Tagen war das noch möglich. Von unserer zweiten kirchlichen Dienststelle in Charlottenburg, in der ich auch immer zu tun hatte, waren wir über Nacht abgeschnitten. Für mich stand es jedoch weder damals noch später zur Diskussion, in den Westen zu gehen.

Seit den frühen Achtzigerjahren lag es auf der Hand, dass es in der DDR Veränderungen geben musste; Ausdruck dessen waren die Oppositionsgruppen, die sich unter dem Dach der Kirchen organisieren konnten. Dass die Protestbewegung 1989 auf die Straße ging und nicht mehr vor der Gewalt des Staates zurückschreckte, beschleunigte den Zerfall des politischen Systems der DDR. Schon unmittelbar nach dem Sturz Erich Honeckers deutete sich an, dass die Staatsführung in begrenztem Umfang Reisefreiheit gewähren würde. Die Ereignisse überschlugen sich, als sich am 9. November Zigtausende Richtung Grenze aufmachten. In dieser Situation befürchtete ich, dass der Aufbruch schnell wieder vorbei sein könnte. Wie würden die „bewaffneten Organe" reagieren, wie die in der DDR stationierte Gruppe der Sowjetischen Streitkräfte? Da kamen Erinnerungen an 1953 in der DDR, 1956 in Ungarn und 1968 in der Tschechoslowakei hoch, wo zuletzt immer die

Panzer rollten. Alles stand auf Messers Schneide. Als es jedoch friedlich blieb, war ich beruhigt.

Eine schnelle Wiedervereinigung der beiden Teile Deutschlands hatte ich bis Anfang 1990 nicht erwartet. Ich war damals ohnehin einer der Wenigen, die gesagt haben: Lasst uns einen vernünftigen Einigungsvertrag nach dem Muster des Beitritts des Saarlandes zur Bundesrepublik 1957 schließen, mit Übergangszeit und Schutzklauseln für die Wirtschaft und den Arbeitsmarkt. Doch unter dem Druck der Ereignisse hatten diese Überlegungen keine Chance. Man wollte auch das zeitgeschichtliche Fenster nutzen, weil nicht klar war, ob die Russen wirklich bereit sein würden, die DDR aufzugeben.

Mir war es dann besonders wichtig, nicht nur die wirtschaftlichen und politischen Aspekte zu berücksichtigen, sondern auch die unterschiedliche Mentalität der Menschen in Ost und West zu beachten. Da hatte es ja Entwicklungen gegeben, die weit über die formale Teilung hinausgegangen waren. Innerhalb kürzester Zeit mussten nun die Menschen im Osten mit für sie völlig neuen Bedingungen klarkommen. Ich habe das mal als „Sturzflug in die Einheit" bezeichnet. Ein solch gewaltiger Umbruch konnte nicht ohne Blessuren bleiben. Wichtig war für uns daher eine soziale und arbeitsmarktpolitische Abfederung dieses Prozesses.

Dass auch mehr als zweieinhalb Jahrzehnte nach der Wiedervereinigung in einigen Lebensbereichen noch Unterschiede zwischen Ost und West spürbar sind, ist nicht verwunderlich. Es wird noch etliche Jahre dauern, bis die Einheit wirklich vollendet ist. Dabei können wir auf die Generationen der heutigen Kinder und Jugendlichen setzen, die die deutsche Teilung nur noch aus dem Geschichtsunterricht und von Erzählungen der Eltern und Großeltern kennen.

Nach dem friedlichen Wandel war es für mich Herzenssache, nach 1989 noch weitere Grenzanlagen und Grenzkontrollen verschwinden zu sehen: die zwischen den europäischen Staaten. So hatte für mich die Verständigung mit unseren polnischen Nachbarn die erste Priorität.

Eine gute Partnerschaft ist auch mit den Russen zu suchen. Die unterschiedlichen Interessen zwischen Russland und dessen früheren Satellitenstaaten, die sich wieder vom großen Nachbarn im Osten bedroht fühlen, zu moderieren und auf einen Ausgleich hinzuarbeiten, dies ist aus meiner Sicht eine der größten Herausforderungen gerade auch für die deutsche Außenpolitik.

Mit Sorge sehe ich, dass heute wieder mitten in Europa Zäune gebaut werden, um Menschen, die auf der Flucht sind, abzuhalten, hierher zu kommen. Mit Sperranlagen lassen sich Flüchtlingsströme bestenfalls kurzfristig stoppen. Hier hilft ein Blick in die brandenburgisch-preußische Geschichte: Nach dem Potsdamer Toleranzedikt von 1685 kamen zur Zeit des Großen Kurfürsten viele Einwanderer aus den Niederlanden und der Schweiz nach Brandenburg. Später waren es vor allem die französischen Hugenotten, die hier Zuflucht suchten. Über die Jahrhunderte haben wir gute Erfahrungen mit den Menschen gemacht, die zu uns gekommen sind. Das sollte uns den Optimismus geben, auch die aktuellen Herausforderungen zu meistern.

Björn Engholm

Über Grenzen hinaus

Im Oktober 1947 fand im Hebbel-Theater und in den Kammerspielen zu Berlin der 1. Deutsche Schriftstellerkongress statt. Einer Idee von Günther Weisenborn folgend, versammelten sich über 300 prominente Literaten, unter ihnen Becher, Huch, Seghers, Harich, Niekisch, Hermlin und Rowohlt, um Zeichen zu setzen gegen die apokalyptischen Kräfte des Faschismus, und Hoffnung zu machen auf eine friedliche, gesamtdeutsche Zukunft mit unbegrenzter Freiheit des Geistes und der Künste. Wie rasant diese Hoffnung zerfiel, zeigte sich bei dem noch in Berlin geplanten 2. Schriftstellerkongress in Frankfurt 1948. Er fand ohne die Autoren aus der SBZ statt – und wurde somit zum sichtbaren Symbol der Teilung. Da war sie, die Grenze, die Teilung, nun auch in der Kultur. Welche schrecklichen, bedrückenden, oftmals skurrilen Folgen sich aus dem Graben mitten durch Deutschland ergaben, habe ich vielfach, nicht nur im Politischen, sondern auch im Kulturellen erlebt. In den 60er-Jahren, noch als Jungsozialisten, besuchten wir, meist zur Weihnachtszeit und ausgerüstet mit in der DDR raren Geschenken, ehemalige Sozialdemokraten in Ostberlin. So auch 1965, als uns die Gastgeber, nach reichlichem Genuss eines in der Datsche selbstgebrannten Schnapses („Bretterbudenknaller"), als Gegengabe ein Buch überreichten – mit der Bitte, es im Jahr darauf zurückzubringen: „Spur der Steine" von Erik Neutsch. Monate später standen wir, den Passierschein in der Hand, das Buch im Gepäck, am Mauerdurchgang und begehrten Einlass in die „Hauptstadt der DDR." Der Grenzer sah das Buch und entschied knapp und scharf, es dürfe nicht „in die DDR eingeführt werden!" Unser Einwand, es handele sich um das Werk eines DDR-Autoren und sei in einem DDR-Verlag erschienen, wurde ignoriert. Immerhin, ganz preußisch korrekt, durften wir das Buch gegen Bescheinigung bis zur Ausreise deponieren. Was uns entgangen war: Neutschs Buch war inzwischen unter der Regie von Frank Beyer und mit Manfred Krug in der Titelrolle verfilmt worden, der Film aber nach wenigen Tagen wegen „antisozialistischer Tendenzen“ vom Politbüro abgesetzt und ins tiefste Archiv verbannt worden. Da war sie wieder, diese unsägliche Grenze … Noch ein Jahr später beschlossen die Lübecker Jusos, Hermann Kant zu einer Lesung in die alte Hansestadt einzuladen, quasi als Trotzreaktion, zum Beweis, dass die Kulturfreiheit westlich der Grenze auch für Hardliner wie Kant unantastbar sei. Kant kam per Bahn, wurde aber in der Bahnhofshalle von zwei dunkel Gekleideten und schwarz Behüteten hochnotpeinlich befragt. Verfassungsschützer wohl, die auch die Personalien der Abholer sorgfältig notierten. Obwohl sie auch da wieder war, diese Grenze, konnte Kant doch immerhin frei lesen und mit einer großen Zahl von Literaturfreunden, die erstmals einem leibhaftigen Ost-Autor begegneten, strittig disputieren. 44 Jahre sollte es dauern, bis sich nach dem 1. Berliner Schriftstellerkongress die Autoren aus Ost und West wieder grenzfrei treffen konnten. Der außerordentliche Kongress des VS (damals Verband deutscher Schriftsteller in der IG Medien) im Mai 1991 im Lübecker Seebad Travemünde, auf dem ich ein Grußwort sprechen durfte, war, so DIE ZEIT damals, ein „stolpernd-tastendes Aufeinanderzugehen“. Es wurde, mit Eingangsreden von Stefan Heym und Uwe Friesel, trotz oder gerade wegen manch strittiger Debatten über Fehlverhalten, eine vom Willen zu neuer geistiger Offenheit und Unabhängigkeit getragene Begegnung – ein deutlich sichtbares Zeichen für das Schwinden alter Grenzen. Und nun, noch einmal rund 25 Jahre hernach, die erste gesamtdeutsche Anthologie: ein Glücksfall! Aber einer, der ahnen lässt, wie lange es dauert, die Demarkationslinien eines halben Jahrhunderts auch aus Köpfen und Herzen zu entfernen.

Dem Lübecker Autorenkreis, dem VS Brandenburg und den Herausgebern Klaus Rainer Goll, Klaus Körner und Till Sailer gilt Respekt und sei Dank gesagt für dieses wegweisend-grenzenlose Projekt, dem ich – mit Immanuel Kant – Erfolg wünsche: „Alle Sprache ist Bezeichnung der Gedanken, und [...] die vorzüglichste Art der Gedankenbezeichnung ist die durch Sprache, dieses größte Mittel, sich selbst und andere zu verstehen.“

Texte aus
Brandenburg und Schleswig-Holstein

Barbara Ahrens

„Keine ernsthaften Schäden"

Spaziergänge über die Weidendammer Brücke

> *Da, wo die Friedrichstraße sacht*
> *Den Schritt über das Wasser macht*
> *Da hängt über der Spree*
> *Die Weidendammer Brücke. Schön*
> *Kannst du da Preußens Adler sehn …*
>
> Wolf Biermann *Preußischer Ikarus*

Ende der Dreißigerjahre überquerte mein Vater öfters die Weidendammer Brücke, meist während seiner Mittagspause. Als Neunzehnjähriger hatte der Klassenprimus eine Ausbildung im Finanzamt Mitte begonnen, notgedrungen, denn das begehrte Studium konnten meine Großeltern ihm nicht bezahlen.

Das Amtsgebäude war direkt im Zentrum, nicht weit vom Bahnhof Friedrichstraße, pflegte mein Vater uns zu erzählen. Seine Augen bekamen dann dieses Leuchten, wie immer, wenn er von seiner Kindheit und Jugend im fernen Berlin sprach. Nie hätte er sich träumen lassen, dass ein paar Hundert Meter weiter einst die Grenze verlaufen würde.

Als ich vor einiger Zeit damit begann, jene Orte in der Stadt zu suchen, die meinem Vater etwas bedeutet hatten, kam ich auch zum Weidendamm 1a, fast unmittelbar an der Brücke gelegen. Vom Finanzamt keine Spur mehr. Auf dem Grundstück und dem zur Friedrichstraße benachbarten Areal hatte mehr als ein halbes Jahrhundert das Provisorium geherrscht: Pavillons, die lange Zeit das tschechische Kulturzentrum beherbergten. Eine der wenigen Bauten hier, welche die Bomben überlebt haben, ist der Admiralspalast. 1946 nutzte ihn die SED für ihren Gründungsparteitag. Wo das Finanzamt war, steht nun ein Verbändehaus für Handel,

Dienstleistung und Tourismus – zwei Dutzend Büros auf acht Etagen verteilt.

Viele Jahre, bevor die Steuerbeamten am Weidendamm 1a einzogen, hatte man das fünfstöckige Gebäude im Stil der Gründerzeit zu einem Hotel umbauen wollen. Aber daraus wurde nichts, obwohl der Standort am Wasser sich gut dafür geeignet hätte – fast erscheint er mir vergeudet für den Sitz einer Behörde. Mein Vater hat freilich davon profitiert. Ich sehe ihn vor mir, einen ansehnlichen jungen Mann in hellem Jackett, hochgewachsen und dunkelhaarig, wie er gegen halb eins das Hinterhofbüro verlässt und eilig die gusseiserne Brücke überquert, um sich mit seiner Freundin für einen Spaziergang an der Spree zu treffen. Vielleicht nutzte er die Gelegenheit, ihr mit den wohlklingenden Namen „seiner" Klientel zu imponieren. Im Finanzamt Mitte wurden die Steuererklärungen vieler Prominenter bearbeitet – etwa von Gustaf Gründgens, dessen *Mephisto* meinen Vater schon als Schüler begeistert hatte.

In die Literaturgeschichte eingegangen war die Weidendammer Brücke schon fast ein Jahrhundert zuvor. Im Dezember 1845 hatte sie für einen anderen jungen Mann eine ganz besondere Bedeutung. „Es war wenige Schritte vor der Weidendammbrücke, dass mir dieser glücklichste Gedanke meines Lebens kam, und als ich die Brücke wieder um ebenso viele Schritte hinter mir hatte, war ich dann verlobt." (Theodor Fontane *Von Zwanzig bis Dreißig*) Fontanes Braut war seine Jugendfreundin Emilie Rouanet-Kummer. Fünf Jahre sollte ihre Verlobungszeit währen, die Lebensgemeinschaft fast achtundvierzig. Als meine Eltern heirateten, war Krieg. Sie kannten einander vier Monate, ihre Ehe hielt sechsundfünfzig Jahre. Mein Vater war Geburtsjahrgang 19, wie der von ihm geschätzte märkische Erzähler, und er starb gleichfalls im Jahr 98, wenn auch hundert Jahre später.

Die Spandauische oder Dorotheen-Brücke, wie sie hieß, als Theodor und Emilie an jenem Winterabend ihren Spaziergang machten, wies noch nicht das Geländer mit den mächtigen Adlern auf. Aber bereits zu jener Zeit rühmte man ihre Konstruktion. War sie doch die einzige Brücke der Welt, die auf freistehenden eisernen Pfeilern ruhte. Nach 1850 nahm das Verkehrsaufkommen in der Friedrichstraße enorm zu. Seit der Hauptarm der Spree für die Schifffahrt geöffnet worden war, stauten sich dort auch die Wasserfahrzeuge. So führte an einem Brücken-Neubau kein Weg vorbei, und der Berliner Architektenverein schrieb einen Wettbewerb aus. Erst 1897 war die über zwanzig Meter breite Bogenbrücke fertig, in der Gestalt, wie mein Vater sie in Erinnerung behalten sollte. Bis heute bezeugt die Weidendammer Brücke die Kunstfertigkeit von Schmieden und Eisengießern: Blatt- und Rankenmotive schmücken die Geländerfelder, aufwendig verziert sind die Sockel der vier Laternenpfeiler. Die beiden überlebensgroßen Adler links und rechts im Brückenscheitel blicken grimmig. Heinrich Heine hätte sie nicht gemocht: „Du hässlicher Vogel, wirst du einst / Mir in die Hände fallen; / So rupfe ich dir die Federn aus / Und hacke dir ab die Krallen." (aus: *Deutschland. Ein Wintermärchen*)

Einen anderen haben die Adler zu einem Lied inspiriert, dreißig Jahre nach Kriegsende, als die volkseigene Kunstschmiede Berlin-Weißensee die Brücke rekonstruiert hatte. Von seiner nahen Wohnung in der Chausseestraße ging der Lyriker und Liedermacher Wolf Biermann oft am Weidendamm spazieren. Ein Foto auf dem Cover der CD *Preußischer Ikarus* zeigt ihn, wie ihm gusseiserne Adlerflügel aus den Schultern zu wachsen scheinen. Flügel, wie einst Dädalus und Ikarus sie brauchten, um ihrer Gefangenschaft auf Kreta zu entkommen – was lediglich Dädalus gelang. „Umgürtet mit dem Drahtverband / ist unser Land ein Inselland, / umbrandet von bleiernen Wellen", heißt es im *Preußischen Ikarus*. Wolf Biermann litt unter dem schon Jahre dauernden Verbot, öffentlich aufzutreten. Überraschend durfte er im November 1976 nach Westdeutschland reisen, um Konzerte zu geben, die die IG Metall organisiert hatte. Sein grandioser erster Auftritt in Köln vor über 7 000 Zuschauern bleibt unvergessen, unvergessen auch seine Kritik am real existierenden Sozialismus – die ihm freilich die Rückkehr nach Hause versperrte. Biermanns Ausbürgerung war für eine Reihe von DDR-Intellektuellen der Anlass zu einem endgültigen Bruch mit der Partei.

Mein Vater hat die Weidendammer Brücke nie wieder betreten, kein einziges Mal während seiner wenigen Berlin-Besuche nach dem Krieg. Der erste Besuch dauerte nur einen Tag: 1946 fuhr er ohne Genehmigung zur Beerdigung seiner Mutter, die ihren Mann um vier Jahre überlebt hatte. Dabei hatte mein Vater, als er 1940 nach Danzig versetzt worden war, nicht im Traum mit einem endgültigen Abschied von seiner Heimatstadt gerechnet. Zurückgestellt wegen eines komplizierten Armbruchs, war er immerhin besser dran als seine Mitschüler, die unmittelbar nach Not-Abitur und Arbeitsdienst für den Krieg zur Verfügung zu stehen hatten. Doch im Jahr 1942 musste er seine Frau und das wenige Wochen alte erste Kind verlassen und an die Ostfront gehen. Dass das Finanzamt Mitte zerstört worden war, davon erfuhr mein Vater nichts. Ein Archivfoto, das ich erst nach seinem Tod fand, zeigt düstere Fensterhöhlen und Trümmerhaufen, die an aufgeschichtete Knochen in Gebeinhäusern erinnern.

Ende der Fünfzigerjahre machten meine Eltern mit uns drei Töchtern von der neuen Heimat Hannover aus eine Fahrt nach Berlin. Heute, in der Erinnerung, fühle ich wieder die gespannte Erwartung der Dreizehnjährigen bei der Aussicht darauf, jene Orte zu sehen, von denen mein Vater uns so oft erzählt hatte. Wie sollte ich enttäuscht werden! Zwar stand das Wohnhaus seiner Kindheit ebenso unversehrt wie das Gymnasium, denn Niederschönhausen war kaum zerstört worden. Dennoch fand er sich im Ostberlin von 1958 nicht mehr zurecht. Schon die fremden Embleme am Schulgebäude dämpften seine Sehnsucht nach weiterer Spurensuche, mehr aber noch die – so empfand ich es – feindseligen Blicke hinter den Fenstern der ehemaligen elterlichen Wohnung. Niedergeschlagen wie selten, brach mein Vater das Unternehmen vorzeitig ab. Den Rest seiner Illusionen aber raubte ihm wohl der Zwischenfall bei unserer Ausreise aus Ostberlin. Als man ihn aufgefordert hatte, aus dem Auto auszusteigen und dem Grenzposten in die Baracke zu folgen, fing meine Mutter an zu schreien. In Staatswillkür noch unerfahren, hatte ich zunächst wenig Verständnis für ihre Aufgeregtheit. Doch je länger wir warten mussten, umso eher hielt ich es für möglich, dass an ihren Worten etwas dran sein könnte. Man würde Papa einsperren, obwohl er „nichts getan" habe. Ihr habt ja keine Ahnung, wie die Russen sind! Die Flucht aus Danzig als Hochschwangere und ein Jahr Aufenthalt unter sowjetischer Besatzung hatten Mutters Leben in einer Weise geprägt, dass sie noch als alte Frau in Tränen ausbrach, sobald von dieser Zeit gesprochen wurde.

Berlin, sagte da meine ältere Schwester, sei schließlich nicht Russland. Doch Sowjetunion oder DDR, Ostzone nannten wir sie damals noch, für meine Mutter machte das keinen Unterschied. Diese Einstellung teilten die meisten im Westdeutschland jener Jahre. Aber es gab auch andere, die sahen in der noch jungen DDR das glaubwürdigere Deutschland – wie der Hamburger Wolf Biermann. Er hatte die Bundesrepublik bereits mit siebzehn verlassen.

Als mein Vater aus der Grenzbaracke wiederkam, war er wortkarg. Er hatte die Geschwindigkeitsbegrenzung von zehn Stundenkilometern ein wenig überschritten und fünfzig Mark Strafe zahlen müssen. Viel Geld für meine Eltern, die auf nichts zurückgreifen konnten, als die eigene Arbeitskraft. Dass meinen Vater etwas anderes weit stärker schmerzte, begriff ich erst später. Damals beschloss er wohl, das Nachkriegs-Berlin aus seinen Gedanken zu streichen, um die Stadt so in Erinnerung zu bewahren, wie er sie als Kind und junger Mann erlebt hatte – zumal es auch niemanden mehr gab, den er hätte besuchen können. Er stand ganz allein da. Wo sein drei Jahre älterer Bruder ums Leben gekommen war, erfuhr er nie. Ein Bekannter will meinen Onkel noch in der Stadt gesehen haben, im April 45. Vielleicht auf der Weidendammer Brücke? Durchaus möglich, denn sie ist eine der wenigen Spreebrücken, die den Krieg nahezu unversehrt überstanden. „Keine ernsthaften Schäden", heißt es im Archiv.

Im Frühjahr 1995 fuhr mein Vater zum letzten Mal nach Berlin. Aus dem hoffnungsvollen Jüngling im hellen Jackett war ein alter Mann geworden, der es zwar zu bescheidenem Wohlstand gebracht, sich jedoch fern von Berlin nie so recht heimisch gefühlt hatte. Mehrere, zum Teil radikale Ortswechsel meiner Eltern zeugen davon – Kennzeichen der Biographien zahlloser Flüchtlinge des Zweiten Weltkrieges. Diesmal war mein Vater in die Stadt seiner Kindheit gereist, um nach den Gräbern seiner Eltern zu suchen. Vergeblich. Ja, „[w]as wird aus unseren Träumen / In diesem zerrissenen Land?", singt Wolf Biermann. „Die Wunden woll'n nicht zugeh'n / Unter dem Dreckverband."

Leonide Baum

Grenzerfahrung

„Irgendwo auf der anderen Seite der undurchlässigen, eisernen Doppelzäune muss die Straße, deren Alleebäume deutlich in der Ferne zu sehen waren, eine Kurve haben", dachte sie, wenn sie manchmal auf der wenig befahrenen Grenzstraße entlangfuhr. Sie dachte es mit einer stillen Sehnsucht ganz tief im Innern. Nie sprach sie ihre Vermutung aus. Wozu auch? Der Wunsch, dorthin zu gehen, um nachzusehen, ob es diese Kurve wirklich gibt, war in seiner Erfüllung so unmöglich, als ob sie sich vorgenommen hätte, an einer Mondexpedition teilzunehmen. Die Kindheitserinnerung blieb ungeprüft in ihrem Gedächtnis der verblichenen, aber trotzdem abrufbaren Bildersammlung. Damals hatte die Mutter ihre kleine Hand fest in die ihre genommen, und sie waren unterwegs zu ihrem neuen Zuhause, das im Westen Deutschlands lag. Damals, das war das Jahr 1946. Noch immer suchten und fanden Menschen ihre Angehörigen am Ende einer langen Flüchtlingswanderung. Damals hatten sie die Großeltern im Osten Deutschlands besucht. Vor dem Abschiednehmen hatte der Großvater den beiden Davonziehenden zwei Flaschen Selbstgebrannten mit einem verschmitzten Lächeln übergeben und sprach sehr weise zu seiner Schwiegertochter: „Hier Luise, verpacke die Flaschen sehr gut. Schnaps ist in dieser ungewissen Zeit eine stabile Währung. Sie öffnet euch verschlossene Türen." „Danke für deine Fürsorge. Es wird uns schon nichts zustoßen", antwortete sie und sah auf ihr Töchterchen, mit dem sie schon Tausende Kilometer unterwegs war. Sie hatten viele Gefahren gemeinsam gemeistert. Das Pferd stand angespannt vor einem klapperigen Kastenwagen. Der Schwager sollte die beiden bis in die Nähe der Grenze fahren, dann mussten sie den Weg alleine gehen. Über einen ausgefahrenen Landweg erreichten sie das alte Städtchen Gadebusch. Bei der Fahrt über das buckelige Kopfsteinpflaster war das Klappern der Pferdehufe wie rhythmische Musik zu hören. Niemand störte sich daran. Bald lag die kleine Stadt, die nur eine flüchtige Begegnung auf ihrer Wanderschaft war, hinter ihnen. Sie fuhren durch das Dorf mit dem Namen Roggendorf. Der Sommer hatte das Land erwärmt. Alles blühte und grünte in einer Überfülle. Die Kleine hatte Freude daran, neben dem Onkel auf dem Kutschbock sitzend, unter dem Laubtunnel der Allee zu fahren. Die Hitze des Nachmittags war ausgesperrt. Licht und Schatten wechselten einander auf dem kaum befahrenen Weg ab. Am Spätnachmittag war es dann soweit. Der Onkel rief dem Pferdchen, das von dem langen Weg müde geworden war, eine angenehme Botschaft zu: „Prr, prr, Max.“ Max gehorchte und blieb stehen. Sie stiegen ab von dem Wagen, der auf dem Sandweg neben dem schmalen Asphaltband hielt. Den schweren Rucksack mit den Flaschen band sich die Mutter auf den Rücken. Dann nahmen sie bewegt Abschied. „Wartet bis die Dunkelheit euch aufnimmt. Passt gut auf euch auf“, sagte der Onkel und wendete sein Gefährt. Sie winkten dem Zurückfahrenden nach, bis nur noch ein kleiner Punkt zu sehen war. Dann suchten sie abseits der Straße ein Versteck. Die hereinbrechende Dunkelheit mit ihrer Abendkühle gab den Start für die Fortsetzung ihres Weges. „Lass uns gehen, mein Kind. Vielleicht finden wir Leute, die auch hinter die Grenze wollen.“ An diesem Abend fanden sie keine Gleichgesinnten, sondern wurden gefunden und in den Arrest in die russische Kommandantur gebracht. Die Mutter zeigte keine Erregung, sondern folgte dem Soldaten entschlossen, ihr zierliches Kind an der Hand, das sie mit großen, traurigen Augen ansah. Ängstlich fragte es: „Mama, sperren die uns jetzt ein?“ Mit einem Lächeln um den Mund antwortete sie beruhigend: „Der Großvater hat uns doch einen Schatz mitgegeben. Wie im Märchen kann man sich damit freikaufen.“ Sie hatte recht behalten. Der Selbstgebrannte hielt jedem Vergleich mit echtem russischen Wodka stand. Er war klar, rein im Geschmack, und eisgekühlt schmeckte er zu geräuchertem Speck und frischen Zwiebeln. Die erwischte Grenzgängerin erklärte freimütig dem Kommandanten in gebrochenem Russisch, dass sie ihre Familie gefunden und besucht habe. Aber jetzt müsse er sie mit ihrem kränklichen Kind gehen lassen. Dafür gab sie ihm gern eine Flasche Wodka, die ihn vielleicht an ein friedliches Mahl in seiner fernen russischen Heimat erinnern würde. Mit „spassiba“ und „do swidanja“ verabschiedete sich die junge Mutter. Die Kleine gab dem Russen gehorsam die Hand und machte einen Knicks. Freundlich zeigte er den Freigelassenen die Allee nach Ratzeburg. Es war ein herrlicher Sommermorgen. Die Sonnenstrahlen hatten bereits die glitzernden Tautropfen aufgesogen. Vom abgeernteten Feld waren Lerchen in den blauen Himmel aufgestiegen und sangen um die Wette. „Hörst du die fröhlichen Vögel? Schau nur, dort in der Kurve eine Schlange auf der Straße. Es ist wie im Paradies. Wir sind beide alleine.“ Plötzlich ertönte eine laute Männerstimme, die einen knappen Befehl rief. „Stoi!“ Die beiden Ahnungslosen, die glaubten, nur noch einen langen Weg vor sich zu haben, drehten sich erschrocken um. Die Mutter sagte: „Es ist wohl auch noch ein Russe im Paradies.“ Hinter einem nahegelegenen grünen Buschwerk am Feldrain hatte sich ein Jüngling in Uniform aufgehalten, der dann auf die Grenzgänger zuging. In gebrochenem Deutsch erklärte er, dass hier Zonengrenze sei und sie keine Erlaubnis zum Überschreiten hätten. Es half nichts, als die Frau erklärte, dass sie doch schon eine Nacht in der Kommandantur festgehalten wurden. „Kommandant hat gesagt GEHEN.“ Er bückte sich und drehte mit Anstrengung die Kurbel seines Feldtelefons. Als er die Antwort vernommen hatte, schüttelte er den Kopf und sagte „njet“, was heißen sollte, ich lasse euch nicht gehen, jedenfalls nicht ohne Wegezoll. In verständlichem Russisch sagte die ungeduldige Mutter, dass er nachgefragt habe, wann seine Ablösung käme. Sie hatte sich vorgenommen, nur im äußersten Fall Russisch zu sprechen. In den Kriegswirren hatte sie die Sprache gelernt. Geschwindelt und ertappt im Grenzparadies. Traurig und beschämt fragte er dann, ob sie nicht etwas für ihn habe. Schließlich war er doch ein Sieger und die beiden deutschen Evas gehörten zu den Verlierern. Gebefreudig packte die Mutter die zweite Flasche Selbstgebrannten aus und sagte zu ihrer Kleinen: „Wir geben ihm den Schatz. Er hat den Krieg überlebt. Darauf soll er einen Schluck trinken." Der junge Mann strahlte die Freigebigen an und vergaß im Glück des Beschenkten, den Pass zurückzugeben. Winkend und rufend lief er im Schattentunnel der Allee den beiden Davonziehenden in Richtung Ratzeburg nach. Er hatte für Augenblicke die Zonen gewechselt, ohne dass die Menschheitsgeschichte Notiz davon nahm. So war es damals. 1946.

Im November 1989 war das große Eisentor mit den Stahlspitzen am oberen Rand, das den Eintritt in die Allee versperrte, auf den Schrottplatz der Geschichte geworfen worden. Der Weg in ein winziges Paradies aus Kindertagen war zu betreten. Es gibt sie wirklich, die Kurve – nahe des Übergangs von Mecklenburg nach Schleswig-Holstein.

Thomas Bruhn

Abgrundtiefe Aufzeichnungen

Nun sitze ich vorm Wind geschützt auf einer Bank in der warmen Mittagssonne und warte auf mein Gespons. Das rotgepinselte Haus, an dessen Wand ich mich lehne, steht an einem Hang in einer Bucht. Auf dem Fensterbrett meine Kaffeekanne und sein Fernglas. Es ist still und angenehm warm. Gelegentlich kreischt eine Möwe. Der kalte Nordwest geht mäßig. Er kann mir nichts anhaben, er weht über die Klippen und um das Kap herum. Bis zum Horizont sehe ich nichts als Wasser, und weiter bis Amerika nur Wasser. Salzwasser. Zu gern hätte ich gewusst, in wen der Alte dort oben so verliebt war, dass er die Ursuppe so versalzen hat. Die Dame muss ihm schön den Kopf verdreht haben.

Gespons hat ausgerechnet, dass der Wind, behielte er Geschwindigkeit und Richtung bei, uns in drei, vier Tagen vom Balkon vertrieben hätte. Wir wohnten Oderberger, Südseite. Nordseite wäre nicht so toll, da würden wir über Mittag brutzeln wie die Würste bei Konnopke auf dem Rost. Aber Südseite war Sahne. Morgens und am Abend Sonne und über Mittag, wenn's am wärmsten war, Schatten. Über uns nur die Dachrinne und der Himmel, unter uns die staubige Straße. Über dem Oderkahn ging die Sonne auf und hinter der Mauer ging sie unter. Aber bei Nordwest wär's im Schatten zu schuckrig. Bei zwölf Grad würden wir im Sommer nicht draußen sitzen, obwohl wir gern auf dem Balkon lümmelten.

Ich kümmerte mich um die Blumenkästen. Gespons nannte mich, wenn er mich mit Schippchen, Grubber und Gießkanne wirtschaften sah, Semiramis. Und er hatte recht, von unten sah unser Balkon königlich aus, wie ein hängender Garten. War das Unkrautzupfen erledigt, schmökerte ich Krimis und löste Kreuzworträtsel. Die Welt hatte ihre Ordnung und es hätte ewig und drei Tage so weiter gehen können. Aber Umstände sind, dass sie sich ändern – und so änderten sie sich.

Gespons pflegte ein seltsames Hobby: Er hatte sich unter seinen Korbsessel ein Podest gebaut, damit er mit dem Fernglas über die Brüstung sehen konnte, ohne aufstehen zu müssen. Er beobachtete die Grenze und notierte, was ihm von dem, was davor und dahinter geschah, wichtig erschien. Diese Sammlung nannte er *Abgrundtiefe Aufzeichnungen*, weil er eben kein Tagebuch schrieb, sondern eins zeichnete und von oben auf die Dinge schaute. Er sagte, eine Grenze ist der Ort, an dem der Staat sich aufplustert, vor lauter Kraftmeierei das Hemd aufreißt und sich auf die Brust klopft und faucht: Schaut her, so stark bin ich! An einer Grenze zeigt ein Staat Gesicht.

Wissen Sie, Gespons dachte lange über die Dinge nach, die er sah und wenn er dann einen Gedanken ausgebrütet hatte, warf er so hübsche kleine freche Szenen hin, die muteten an, als hätte er sie aus dem Ärmel geschüttelt. Ich habe ihm gesagt, er solle die einer Zeitung anbieten. Aber er hat nur gefragt, welcher, und damit hatte sich das Thema erledigt.

Besonders hatten es ihm die Leute angetan, die, von welcher Seite auch immer, über die Mauer gucken wollten. Drüben hatten sie ein Podest gebaut, da konnten die Westler aus ihrem Gehege heraus schauen. Manchmal haben sie mit Taschentüchern gewinkt, manchmal Faxen gemacht. Einer rief: Kommt rüber, wir haben schöne Frauen für euch. Einen Wagen bekommt ihr auch. Ob nun jetzt oder später, wir kriegen euch sowieso! Gespons hat mich gefragt, ob ich schöne Frauen will. Nee, hab ich geantwortet.

Und hüben guckten sich die Ostler an, wie die Westler von oben auf sie herabblickten. Die haben damals schon für heute geübt. Uns ging das Theater achtern vorbei. Wir saßen in der Meckerloge, wir hatten Weitblick, uns konnten weder diese noch jene etwas vormachen.

Seine Karikaturen malte Gespons ins Handbuch des Grenzsoldaten. So ein Ringbuch. Er zeichnete Vignetten, übermalte Text mit Tusche oder Tinte und überklebte Bilder und manchmal heftete er eine Seite ein oder nahm eine, die ihm besonders gut gelungen erschien, heraus. Die Blätter steckte er in Umschläge und schickte sie in die Welt, an Künstler, die er aus der Galerie kannte. Das Buch versteckte er unter dem Podest, auf dem sein Sessel stand. Meine Fahrkarte nach Bautzen, grinste er.

Wie ich zum Gärtnern gekommen bin, weiß ich: Meine Eltern haben einen Garten in Karolinenhof. Dort wurde mir der grüne Daumen in die Wiege gelegt. Wie Matthes zu seinem seltsamen Zeitvertreib kam, hat er nie erzählt. Vermutlich, weil er auf diesem Balkon aufgewachsen ist. Immer eine Grenze vor Augen, das prägt den Charakter. Und mit dem Zeichnen hat er begonnen, als er eine Anstellung in der Galerie um die Ecke bekommen hatte. Donnerstags gab's einen Kurs, und weil ihm die Dozentin von der Hochschule gefiel, meldete er sich an.

Hier ist es einsam. Richtig einsam. Nur der Briefträger verirrt sich hierher. Er kommt nicht jeden Tag, sondern nur, wenn er Post für uns hat. Wenn ich unter Leute will, muss ich eine halbe Stunde mit dem Auto bis ins nächste Dorf fahren. Als Gespons und ich das erste Mal in dem Dorfladen waren, sind die Verkäuferinnen nach hinten ins Büro verschwunden. Die haben sich verkrümelt, als sie hörten, dass wir nicht norwegisch sprachen. Wir hätten den Laden ausräumen können. Die hatten Angst, denn sie wussten nicht, was sie machen sollten, wenn wir sie ansprächen. Wir hatten keine Angst, da wir zu Hause täglich erlebten, wie das geht, wenn man in Geschäften oder Kneipen verschiedene Sprachen spricht. Es geht immer irgendwie, weil der, der verkaufen will, erpicht darauf ist, den zu verstehen, der kaufen will. In der Oderberger haben wir gelernt, dass sich jeder mit jedem verständigen kann, und wenn nicht mit Sprache, dann mit Händen und Füßen.

Seit einer Woche kann ich Menschen sehen, wenn ich das Fernglas an die Augen halte. Im Süden der Bucht ist ein Wal gestrandet. Ab und an kommen Neugierige, um sich das tote Tier anzusehen, obwohl sie die Bilder aus der Zeitung und dem Fernsehen kennen. Aber das reicht ihnen nicht: sie müssen es riechen und anfassen. Gespons ist vorgestern zum Wal gegangen, heute ist er mit dem Bildhauer angeln.

Wie ich, eine waschechte Berliner Pflanze, auf dieses gottverlassene Fleckchen gekommen bin? Die Geschichte ist nicht zu glauben, und wer meinen Gatten kennt, der versteht sie erst recht nicht. Dabei war es seine Idee. Er wollte es so. Von einem Augenblick auf den anderen warf er alles über den Haufen – neu anfangen, nannte er das – und ich konnte froh sein, wenn ich in seinen Plänen noch vorkam. Obwohl, gefragt hat er mich schon, und wenn ich mich bockbeinig gestellt hätte, wären wir bestimmt nach Balkonien zurückgereist. Wir würden wie in alten Zeiten den Sonnenuntergängen zusehen, ein Frisches aus dem Oderkahn schlürfen und Erdnussflips knabbern. Aber ich habe Ja gesagt. Fragen Sie mich nicht, warum. Wahrscheinlich wegen der Ruhe und der Aussicht.

Also, eines Tages kam Gespons nach Hause. Ich weiß nicht, welcher Floh ihn gebissen hatte, aber er sagte: Lieslott, wir müssen los. Es kann nicht angehen, dass wir hier zu Sauerfleisch werden, wo die Grenzen auf sind. Früher hatten wir keine Pässe und konnten nicht reisen, und heute haben wir welche und tun es nicht? Dafür bin ich nicht auf die Straße gegangen.

Du und auf die Straße gegangen? Dass ich nicht lache, habe ich geantwortet, dich habe ich weder am Vierten noch am Neunten auf der Straße gesehen. Am Vierten haben wir die Datsche meiner Eltern winterfest gemacht und am Neunten hast du, nachdem der Schabowski so hübsch im

Fernsehen gestammelt hat, nur gesagt: Die sind auch nicht mehr das, was sie nie gewesen sind, hast die Glotze ausgemacht und mich in die Federn gezerrt. Wie dem auch sei, mein Gespons blieb stur und fragte: Die Welt steht uns offen, wohin willst du reisen?

Nach Paris, habe ich, ohne zu überlegen, geantwortet. Das war das Erste, was mir einfiel. Davon habe ich Tag und Nacht geträumt: Coco Chanel und Champagner, Chateaubriand und Champs-Élysée. Nee, sagte mein Gespons, da fahren alle hin, das halbe Haus lungert unterm Eiffelturm rum. Dann an die Riviera. Aber Gespons brummte: Da hockt die andere Hälfte und wundert sich, dass man Badehosen tragen muss. Dann in den Osten, sagte ich und hatte das Spiel schon satt. Da waren wir oft, sagte er und folgerte scharf: Bleibt der Norden.

Von mir aus, ich ergab mich in mein Schicksal. Norden ist gut. Lass uns nach Schweden fahren. Nicht zu warm, selbst Mittsommer nicht, wenig Leute, viel Platz.

Drei Wochen später hockte ich in unserer Pappe und spürte, wie die Kälte langsam die Beine hochkroch – Ende Juni! –, während Gespons mit dem Fotoapparat über Stock und Stein kraxelte. Er hatte schon den zweiten oder dritten Film eingelegt, obwohl es hier außer Klamotten, schneebedeckten Bergen, toten Rentieren am Straßenrand, einer Baracke und einer hochgeklappten Schranke nichts zu sehen gab. Die Schranke sah nicht so aus, als hätte die seit der Entdeckung Amerikas durch die Wikinger jemals jemand bedient. Gespons schüttelte ungläubig sein weißes weises Haupt: Das glaubt uns kein Mensch. Von wegen Grenze. Das will vielleicht mal eine werden. Wo er Recht hat, hat er Recht. Er ist Spezialist, was Grenzen betrifft, er hat eine vom Balkon aus studiert: Zwei Mauern, dazwischen Panzersperren und geharkter und nachts beleuchteter Sandstreifen. Das war eine Grenze!

Steht aber auf dem Schild und in der Karte: Riksgränsen, antwortete ich. Wird schon stimmen. Hier Schweden und vor uns Norwegen.

Früher war nicht viel los unter unserm Balkon. Sackgasse. Ruhige Gegend, ruhige Bürger. Das war auf der anderen Seite der Grenze übrigens nicht anders. Wir konnten denen beim Freisein zugucken. Das sah nicht anders aus als hier.

Apropos: Bevor wir in Saßnitz aufs Schiff rollten, wollten sie noch unsere Pässe und die Tickets für die Fähre sehen. War ein hübsches kleines Gefühl, als man lässig die Papiere aus dem Fenster reichte und der Typ in Uniform nur einen kurzen Blick reinwarf, lächelte und Gute Reise wünschte. Der konnte nett und freundlich sein, weil er auch einen Pass in der Tasche hatte. Gespons sagt: Jeder Mensch soll einen Pass haben. Jeder Mensch soll den Pass bekommen, den er sich wünscht. Jeder Mensch soll alle Pässe der Welt haben. Ich sage: Die Heimat des Menschen heißt Erde, darum soll ein Mensch auf der ganzen Welt keinen Pass brauchen. Das müssen selige Zeiten gewesen sein, als es keine Grenzen gab. Die sind erst aufgekommen, als sie mit den Grundbüchern angefangen haben. Oder so. Stelle ich mir vor.

Als die Fähre in Trelleborg anlegte, hatten wir unsere Pässe, wie die Schweden, hinter die Windschutzscheibe gelegt. Gespons hatte eine Kassette mit Liedern von Bellman angestellt, um die Zöllner abzulenken und zu bezirzen, wegen dem Schnaps im Kofferraum, wie er nervös sagte. Das sind bestimmt ganz scharfe Typen, bis an die Zähne bewaffnet und eiskalt. Wir holperten also vom Schiff und fuhren im Hafen ein paar Schleifen. Am Tor stand ein Polizeiauto, an dem lässig zwei Uniformierte lehnten und rauchten. Eine typische Schwedin, pummlig, mandeläugig und schwarzer Zopf, die Hände auf dem Rücken, nahm die Parade ab. Gespons hielt an, weil er dachte, sie wolle unsere Pässe sehen. Aber sie lachte nur, wahrscheinlich über unsern Trabi, und winkte uns durch. Gespons konnte sich nicht beruhigen: Da haben wir Pässe und keiner will sie sehen? Wie ungerecht ist diese Welt. Er grantelte hinter dem Lenkrad: Das können die mit mir nicht machen. Dafür bin ich nicht auf die Straße … Dann fahr doch zurück und halt ihr deinen Pass unter die Nase, sagte ich. Aber Gespons war weder dazu zu bewegen noch zu beruhigen.

Und dann kam der erste Kreisverkehr und Gespons musste überlegen und aufpassen und hörte von ganz allein auf zu schimpfen. Nach dem vierten oder fünften begann er, die Dinger zu lieben und brauste rundherum und rein und raus, dass es eine Freude war. Die Volvos sind schwerfälliger als eine Rennpappe, die ihrem Namen hier alle Ehre machte. Gespons fuhr manchmal aus lauter Jux und Tollerei ein paar Runden, bevor er die Ausfahrt nahm und trotzig rief: Die lacht nicht noch mal über einen Trabant 601 S DeLuxe mit Schonbezügen.

Hier ist es still wie in der Oderberger, bevor sie anfingen, die Mauer aufzureißen. Am Tag eins nach Schabowski. Am neunten November rannten sie zur Bornholmer, weil sie's im Fernsehen gesehen hatten, am nächsten Tag kletterten sie hier rüber. Wir konnten es vom Balkon aus sehen. Um Himmelswillen, sagte Gespons, nie und nimmer gehe ich da runter und lasse mich tottrampeln. Von dem Tag an war es aus mit der Beschaulichkeit in unserer Straße. Es wurde laut.

Erst rannten alle in den Westen und kamen besoffen vor Dämlichkeit zurück. Ich erinnerte mich an den, der gerufen hatte: Wir kriegen euch sowieso! Da hatten sie uns. Für hundert Silberlinge pro Seele. Die elfte Feuerbach-These zog gegen *Hakle feucht* den Kürzeren. Ein paar Wochen später pilgerten alle Völker der Erde durch unser Idyll. Mit Wanderstiefeln und Rucksäcken. Als ob sie auf Expedition in die Taiga wollten. In jedem Haus machte eine Kneipe auf und dort lungerten die Dahergelaufenen rum. Die Straße hatte ich nur für mich, wenn ich in aller Herrgottsfrühe Schrippen holen ging.

Doch zurück zur Riksgränsen: Gespons stieg ein, knallte wütend mit der Tür, legte die Hände aufs Lenkrad und lästerte, was das Zeug hielt. Er dachte gar nicht daran, den Motor zu starten. Erst, als ich mit den Füßen trampelte wie wild, um die Kälte zu vertreiben, drehte er sich zu mir und brummelte leise: Vorsicht, die Schweller sind morsch. Dann drehte er den Zündschlüssel. Wir rollten ein paar Meter, und als die Vorderräder auf dem Strich in der Landschaft standen, sagte er: Auf dem Asphalt ein paar Farbkleckse, dazu eine geöffnete Schranke und an der Zollbaracke ein Vorhängeschloss. Im Hafen haben sie sich wenigstens noch Mühe gegeben, hier lassen sie's vollständig schleifen. Es ist nicht zu fassen.

In Tromsø besuchten wir einen Bildhauer, einen Freund, der vor Jahren ausgereist war. Wir kannten ihn von einer Ausstellung in der Galerie. Er ist einer von denjenigen, die ein Blatt aus den *Abgrundtiefen Aufzeichnungen* erhalten hatten. Es hängt, fein gerahmt und unter Glas, in seinem Atelier. Er zeigte es uns mit Stolz und sagte: Ihr könnt in meinem Ferienhaus wohnen, bis ihr was Passendes gefunden habt. Er sagte das ganz selbstverständlich und so nebenbei, als zöge er gar nicht in Erwägung, dass wir nicht bleiben wollten.

Gespons war skeptisch und fragte, ob er nicht manchmal Sehnsucht hätte, wegen Heimat und so. Da hat der Bildhauer überlegt, ein bisschen an einer Skulptur gepickt und dann sehr ernst gesagt: Manchmal schon. Aber wenn's schlimm wird, schalte ich in allen Zimmern das Licht an, so dass es hell ist wie im Palazzo und lese irgendein deutsches Nachrichtenmagazin. Lungert das Heimweh dann noch immer kichernd in einem Winkel meiner Seele, schaue ich das Blatt aus deinen *Aufzeichnungen* an. Damit vertreib ich's garantiert.

Daraufhin hat sich Matthes aufs Sofa gesetzt und in den Zeitschriften geblättert. Lange, wie es seine Art ist. Hat sich Überschriften vorgebrabbelt und Sätze aus Artikeln, mehrmals wanderte sein Blick zu seinem Blatt aus den *Aufzeichnungen.* Dann nahm er sich ein Exemplar aus dem Haufen, suchte Stifte, Pinsel, Farben und Kreiden, Schere und Klebstoff und setzte sich an ein uraltes Reißbrett, dessen Platte er umständlich in die Waagerechte stellte. Später, als wir zum Essen gingen, legte er das Journal sehr sanft zurück. Bei Tisch ging die neue Arbeit von Hand zu Hand. Auf dem Blatt gab es Gartenzwerge zu sehen, die eine Mauer abtrugen, und Männer in Anzügen, die dieselben Steine auf der anderen Seite wieder aufschichteten. Gespons sagte: Zu Hause tun sie nur so, als ob sie Grenzen einreißen. In Wirklichkeit weiten sie ihre Kampfzone aus. Sie schieben die Grenzen woandershin und denken, wir merken es nicht. Ich habe lang genug Grenze gehabt. Er fragte mich, ob wir bleiben wollten. Da habe ich Ja gesagt.

Es hat noch drei Tage gedauert bis der Entschluss zu bleiben gereift und festgeklopft war. Dann haben wir alle Kündigungen geschrieben, die man sich denken kann. Nun sitze ich hier und warte, dass Gespons vom Angeln kommt. Hier baut uns so schnell keiner eine Grenze vor die Nase. Geht gar nicht, das Wasser ist zu tief.

Dieter Bührig

Jenseits der Schwelle

U-Bahn fahren ist ein Abenteuer. Punker, Gruftis, Skater, Junkies, Gothics, Popper, Hooligans, Südtiroler, Schotten, Schwaben, Große, Kleine, Krumme, Dicke, Gelbe, Grüne, Blasierte, Verdrehte, Verkorkste, Neider, Nörgler, Sonderlinge, Kuppler, Ausgegrenzte, Besserwisser, Weltverbesserer, Tagträumer, Apokalyptiker, Narzisse, Alkoholiker, Melancholiker, Phlegmatiker, Choleriker, Sanguiniker. Alle unter dem uneingestandenen Druck, etwas Eigenes darstellen zu müssen.

Ihr könnt euch vorstellen, wie verwirrt ich war, als ich sie sah. Irgendwie passte sie nicht in dieses Karussell der Eitelkeiten. Sie kam mir vor wie eine Figur aus einem Stillleben, das sich mitten in die lebenspralle U-Bahn verirrt hatte.

Ich bemerkte sie nicht sofort. Ich hätte auch nicht sagen können, wann und wo sie eingestiegen war. In einer U-Bahn vermeidet man den direkten Augenkontakt. Man grüßt nicht, man spricht sich nicht an, man mustert sich allenfalls heimlich. Man kommuniziert nicht miteinander. Das ist ein eisernes Gesetz, jedenfalls, solange man nicht als Verwirrter, als Betrunkener oder als Aufreißer gelten will. Ich studiere die Menschen gern indirekt in den Fensterscheiben, in denen sich ihr Bild spiegelt. Das Problem dabei sind allerdings die Lichtverhältnisse. Solange die Bahn auf der oberirdischen Trasse fährt, sind die Gesichter nur schwach zu erkennen, weil das Tageslicht die Spiegelungen verwischt. Deswegen hatte ich sie wohl nicht einsteigen sehen. Sowie die innen beleuchtete Bahn jedoch in das unterirdische Tunnelsystem eintaucht, heben sich die Widerspiegelungen an den Fenstern von der dunklen Tunnelwand deutlich ab.

Normalerweise. Diesmal war es anders. Kaum waren wir im Tunnel, verschwanden vor meinen Augen schlagartig die Spiegelbilder aller anderen, obwohl ich sie noch im Zug sitzen und stehen sah. Auf der Fensterscheibe spiegelte sich nur sie. Ihre Gestalt hob sich scharf von der schwarzen Tunnelwand ab. Mir schien, als käme sie aus einer anderen Welt. Sie hatte etwas Orientalisches an sich. Ihr Haar verbarg sie unter einem blauen Kopftuch, das wie ein Turban aussah. Sie war mit einer schlichten, ockerfarbenen Jacke bekleidet, die mit einem weißen Kragen abschloss und so ihren Kopf betonte. Das war alles. Kein Zierrat, kein aufgesticktes Muster. Nur eine mandelgroße Perle hing an ihrem linken Ohr und konkurrierte mit ihren silbern glänzenden Augen. Ich schätzte sie auf nicht einmal zwanzig Jahre, scheu und doch sinnlich. Wie eine Hinterglasmalerei. Sie saß mir gegenüber und schaute mir über ihr Spiegelbild direkt in die Augen. Ihr Mund war leicht geöffnet, als flüsterte sie mir stumme Worte zu. Ich hielt ihrem Blick stand, auch auf die Gefahr hin, aufdringlich zu wirken. Der Lärm der U-Bahn und die Wortfetzen der anderen verflogen. Wir saßen eine Weile so, schwiegen und genossen die Ruhe.

Plötzlich dröhnte eine Lautsprecherdurchsage. „Nächster Halt: *Kirschblütengang.*“

Ich stutzte. Diese U-Bahnstation war mir neu. Ich schaute zu den anderen, die aber, in ihrem Alltag verfangen, schien das nicht zu irritieren. Die junge Frau nickte mir zu. „Hier muss ich raus. Das ist mein Ziel. Komm mit, wenn du magst.“

Niemand drängte sich zum Ausgang, niemand wartete, um einzusteigen.

„Bitte beachten Sie beim Aussteigen die Schwelle zwischen Zug und Bahnsteig. Einsteigen, bitte! Zurückbleiben, bitte!“

Die automatischen Türen öffneten sich. Diese U-Bahnstation sah ganz anders aus als die anderen. Keine Metrokacheln an den Wänden, keine Wegweiser, keine Reklameflächen, keine Imbissbuden. Selbst der typische Geruch vom Steinkohleteeröl der Bahnschwellen fehlte. Es roch nach weißer Kirschblüte.

Die Schwelle, auf die die Lautsprecheransage hingewiesen hatte, entpuppte sich als ein blauer Balken, auf dem merkwürdige weiße Mäandermuster angebracht waren.

Ich zögerte. Die junge Frau jedoch sprang unbekümmert über die Schwelle, als hätte sie das ihr Leben lang gemacht. „Komm rüber in meine Welt! Keine Angst. Wenn du nicht springen willst, musst du den rechten Fuß zuerst auf die Schwelle setzten. Auf keinen Fall darfst du auf ihr stehen bleiben, das bringt Unglück." Ich wagte den Sprung über die geheimnisvoll blaue Grenze, und landete unbeschadet an der Seite meiner neuen Gefährtin.

Ein schmaler Durchgang führte auf einen riesigen Innenhof, der mich an die Passage eines weitläufigen Einkaufszentrums erinnerte. Er war eine Sackgasse, einen anderen Zugang zur Stadt gab es offenbar nicht. Die Passage und die angrenzenden Geschäfte waren lichtdurchflutet. Das lag nicht nur an den vielen Gaslaternen, die man geschickt an den Decken und Wänden verteilt hatte, sondern auch an dem riesigen Glasdach, das wie die goldrote Lichtquelle eines Vulkans aussah. Ob dieser Effekt durch die Strahlen der Abendsonne oder durch Gaslaternen erzeugt wurde, konnte ich nicht beurteilen. Überall standen zierliche Kirschbäume, die alle eine überquellende Blütenpracht trugen, in ihrer weiß-zartrosa Farbe so dicht und regelmäßig, dass ich mich nicht des Eindrucks erwehren konnte, das Ganze sei künstlicher Natur. Doch der intensive Duft, der in den Räumen schwebte, schien echt zu sein. Er beruhigte mich, und unwillkürlich begann ich, langsam von Geschäft zu Geschäft zu schlendern. Wir glichen uns dem ruhigen Treiben der Passanten an. Viele lächelten uns zu, und manch einer grüßte freundlich. Alle trugen ein Perlenohrgehänge.

Sie hakte sich bei mir ein. Sie fühlte sich leicht an, und ich wusste nicht, wer hier wen führte. Wahrscheinlich war sie es, die mir mit magischer Kraft den Weg wies.

Das Angebot in den Läden war reichlich und ansprechend. Hier gab es fast alles, Kleider, Bücher, Schmuck, Möbel, Kunstbilder, Spielzeug, Kosmetika, Musikalien, Accessoires, Uhren, Schuhe, Handtaschen. Doch Tageszeitungen und Lebensmittel suchte ich vergebens. Auch fehlten Cafés, Bars oder Restaurants.

Am Ende der Passage befand sich ein Geschäft, das die ganze Stirnseite des Einkaufszentrums einnahm. Eigentlich war es nicht nur ein Laden, sondern auch eine Werkstatt. *Glasbläserei Silbermann* stand auf einem Schild über der Ladentür.

„Wir sind am Ziel", sagte sie. „Hier arbeite ich und verbringe den größten Teil meiner Zeit. Wenn du willst, kann ich dir alles erklären. Vielleicht gefällt es dir hier ja auch."

Gleich neben der Eingangstür befand sich die eigentliche Produktionswerkstatt. Man konnte dem Glasbläser von draußen durch das Schaufenster bei seiner Tätigkeit zuschauen. Er saß vor einer Art Labortisch, auf dem ein Gasbrenner stand. Geschickt hantierte er mit einem schmalen langen Glasrohr, in das er hin und wieder blies. Irgendwann verwandelte sich der Rohling in ein kunstvoll verziertes Weinglas. Es bereitete mir Freude, ihm zuzusehen. Ich beneidete ihn. Das Produkt seiner handwerklichen Tätigkeit war ein materialisiertes Kunstwerk, dessen Ästhetik sich dem Betrachter sofort erschloss. In meinem Beruf als Schriftsteller ist das leider nicht so.

„Das ist schön. Kannst du das auch?", fragte ich sie.

„Natürlich, denn das habe ich gelernt."

Sie führte mich an ein Regal, in dem neben Glaskugeln und Weingläsern viele gläserne Tierfiguren standen. Sie bildeten eine sonderbare Lebenswelt für sich. Formen, Farben und Figuren so zart und abwechslungsreich, als hätte sich eine königliche Glasmenagerie in den *Kirschblütengang* verirrt. Ein Mikrokosmos in einer Parallelwelt, ein Bild im Bild. Stolz erklärte sie mir jede einzelne Figur.

„Du darfst sie auch anfassen. Sie zerbrechen nicht, solange du nicht laut sprichst. Das liegt daran, dass die Luft hier im *Kirschblütengang* so rein ist."

Ich schaute sie skeptisch an. Aber, um es zu beweisen, ließ sie eine Figur, ein hauchdünnes Einhorn auf den Boden fallen. Es zerbrach nicht. „Du musst wissen, dass in deiner Welt Kunstwerke so schnell zerbrechen, weil die Menschen dort so laut reden. Das gilt nicht nur für die materiellen, sondern auch für die immateriellen wie die Musik oder die Literatur. Am schlimmsten sind die Kunstkritiker, die mit voreiligen Worten töten können."

Ich gab ihr recht. „Ja, jeder Schriftsteller kennt das aus eigener Erfahrung."

„Du schreibst Bücher? Dann wird dich vielleicht interessieren, dass wir hier auch Bücher aus Glas haben."

Sie führte mich zu einem Regal. An den Buchrücken erkannte ich, dass viele meiner Lieblingsautoren vertreten waren. Ich griff aufs Geratewohl in das Regal. Eichendorffs *Taugenichts*. Ich schlug die erste Seite auf. Weil sie aus Glas war, fühlte sie sich anders an, als die papierene Ausgabe, die zu Haus in meinem Bücherregal steht. Die Seite war zwar genauso filigran, jedoch fehlte der typische Geruch von Filz und Druckerschwärze.

„Ich saß auf der Türschwelle und wischte mir den Schlaf aus den Augen; mir war so recht wohl …"

Sie unterbrach mich. „Nein, bitte nicht vorlesen, auch wenn du es leise tust. Romane sind zum Sehen da, nicht zum Sprechen. Sie sollen nur in deinem Kopf erklingen. Bei uns sind Lesungen verpönt, weil sie den Büchern wehtun."

Ihr Argument konnte ich nicht nachvollziehen, doch ich entschuldigte mich: „Es ist wirklich nicht einfach, ein gläsernes Buch zu lesen."

„Ja, natürlich. Es ist überhaupt nie einfach, ein Buch zu lesen, sei es aus Papier oder aus Glas."

„Was ist denn der Unterschied zwischen beidem?"

„Bei einem gläsernen Buch kannst du durch die Oberfläche der Worte hindurchlesen. Du tauchst tiefer in die Welt der Erzählung ein. Ich gebe zu, das ist nicht einfach. Das muss man üben. Bücher – unsere Welt als andere. Irgendwann entdeckt man, dass ein Roman oder ein Gedicht wie Musik ist: Immaterielle Struktur, die man sich erobern muss, die nicht greifbar ist. Ein scheinbar flüchtiges Spiel mit der Zeit, ein vorgeblich freies Pendeln zwischen Gegenwart, Vergangenheit und Zukunft."

Ich bekam Lust, selbst ein gläsernes Buch zu schreiben, sagte es ihr, setzte aber nach: „Das geht ja wohl nicht, oder?"

Zu meiner Überraschung nickte sie mir zu. „Doch, das geht. Allerdings nur mit Hilfe eines Glasbläsers, wie ich es bin. Du müsstest es dann hier bei uns schreiben."

Kaum hatte sie das gesagt, legte sich eine melancholische Fehlfarbe über ihr Gesicht. „Dann müsstest du bei uns bleiben, einer von uns werden. Aber ich fürchte, das willst du nicht wirklich."

Ich wollte nicht zugeben, dass sie recht hatte, also wich ich ihr aus. „Bist du eigentlich auch aus Glas?" Es sollte eine scherzhafte Ablenkung sein, aber sie schaute mich ernst an.

„Wie kommst du darauf?"

„Weil du für mich aussiehst, als seist du eine Hinterglasmalerei."

„Das ist nett gesagt. Danke für das Kompliment. Der Vergleich gefällt mir. Nein, ich bin nicht aus Glas. Ich bin aus Öl, Harzfirnis und Farbmittel. Und das schon seit dreihundert Jahren."

Etwas befremdet bat ich sie, mich zum Ausgang zu bringen.

Am Bahnsteig angekommen, fährt gerade eine U-Bahn ein. Ich kann sie durch die Scheiben deutlich erkennen, all die grell geschminkten Hausfrauen, aus deren Augen es shoppinggeil glänzt, all die müden Arbeiter, die mit gekrümmtem Rücken und leerem Blick umkippen würden, wenn sie sich nicht an den Halteschlaufen festkrallen würden, all die ausgebrannten Rentner, die sich wie Bücherstützen den steilen U-Bahnsitzen anpassen, all die Ärmelschoner tragenden Büroangestellten aus den mittleren Hochhausetagen, die Novalis auf dem E-Book-Reader lesen, all die Unschuldsengel mit zerfledderten Flügeln, all die Teufelskerle in maßgeschneiderten Nadelstreifenanzügen.

Die automatischen Türen öffnen sich. Niemand steigt aus, und niemand außer uns beiden steht vor der blauen Schwelle. Sie umarmt mich. Den leisen Stich spüre ich kaum. Es ist die vergiftete Spitze des gläsernen Einhorns, die sie mir in das linke Ohrläppchen drückt. „Wusstest du nicht, dass man dem *Kirschblütengang* niemals entrinnen kann, wenn man ihn einmal gesehen hat?" Sie befestigt ein Perlenohrgehänge in dem Einstichloch. „Jetzt bist du einer von uns, und jetzt kannst du in aller Ruhe Bücher aus Glas schreiben." Die Menge in der U-Bahn bemerkt von all dem nichts.

„Bitte beachten Sie beim Aussteigen die Schwelle zwischen Zug und Bahnsteigkante. Einsteigen, bitte! Zurückbleiben, bitte!"

Die automatischen Zugtüren schließen sich vor meinen Augen, ohne dass ich die Kraft habe, es zu verhindern.

Therese Chromik

Kategorischer Imperativ

In besonderen Momenten – zum Trost oder zur Belohnung – hatte mein Vater eine besondere Überraschung für uns: ein einziges Stück Schokolade. Schokolade war noch teuer, gemessen am Verdienst der Eltern. Und mein Vater pflegte zu sagen: „Ein Stück schmeckt genauso gut wie mehrere." Und es stimmte: Der Erinnerungsgeschmack nach einem war derselbe wie nach zwei Stückchen. Es musste stimmen. Aber vielleicht könnte man das bei Gelegenheit noch einmal ausprobieren?
Mein Vater holte das Stückchen Schokolade aus dem hintersten Winkel eines Bücherbordes hervor, wenn wir schon ganz vergessen hatten, dass es sie gab, die angebrochene Tafel.

Es war klar, dass man nicht selbst danach suchen ging. Aber warum nicht? Nicht, weil es seine Tafel Schokolade war und er uns mit einem Stückchen überraschen wollte, sondern wegen des Kategorischen Imperativs. Ich hatte dieses Wort im Gespräch meiner Eltern aufgeschnappt und es mir gemerkt. Abends, als ich im Bett lag, hörte ich den Wasserhahn tropfen, und der sagte ganz deutlich die Silben: Ka-te-go-ri-scher-Im-pe-ra-tiv, und immer wieder tropfte das Wort silbenweise silbenhell heraus, bis ich einschlief. So hatte ich morgens noch die Worte im Ohr und fragte beim Frühstück, was das denn bedeute, der Kategorische Imperativ. „Du darfst nur das tun, was auch allen anderen erlaubt sein könnte, zu tun."

Hm, klar, das war der Grund, weshalb man nicht auf Schokoladensuche gehen und heimlich naschen sollte. Am nächsten Abend, als ich schon im Bett lag, tropfte es wieder: Ka-te-go-ri-scher-Im-pe-ra-tiv.

Das Wort konnte ich am nächsten Tag gut gebrauchen, als wir einen Aufsatz schreiben sollten mit dem Thema: Nachts aufgewacht.

Und als ich dann eine Eins mit nach Hause brachte, gab es zur Belohnung ein Stück Schokolade. Es schmeckte wie eine ganze Tafel, so intensiv und lange hatte ich den wunderbaren Geschmack am Gaumen.

Das Und

Du und ich,
ich und du,
wie wir es
drehen und wenden,
du und ich,
ich und du,
dazwischen bleibt immer
das Und.

Gemeinsamer Nie

Wenn du frierst ist mir warm
Wenn dir warm ist friere ich
Bist du müde bin ich wach
Wenn ich wach bin bist du müde
Wenn du nah bist
Bin ich fern
Wenn ich fern bin
Bist du nah
Du bist der Abend
Ich der Morgen
Mittags sind wir uns fast begegnet.

Ines Gerstmann

Aus der Chronik einer Fußreise

Wir sind in Elend. Nirgends der Hinweis auf eine Herberge. Kein Mensch, den wir fragen können. Wir kreisen in Elend. Es klingt wie ein leichter grammatikalischer Fehler. Mehrfach durchlaufen wir mit ihm einen Kreisverkehr. Kommen gehen kommen gehen kommen … Grenzenloses Kommen und Gehen im Kreis bis auf die Gerade. Sie ist eine Fremde, die versucht, einheimisch zu werden. Es muss Menschen in Elend geben! Ich wünsche mir einen Brunnen hinein. Weiß der Himmel, warum ich kein Gasthaus wünsche. Denn Wünsche, wünscht der Fußreisende sie innig, werden erfüllt. Ob die Wünsche von Jakobus erfüllt werden oder von einer anderen Kraft, der eigenen womöglich, weiß ich nicht. In jedem Fall erfüllt mich das Wünschen, während wir weiter der Hauptstraße folgen. Glatt, zäh und schwarz zieht die Straße mit uns. Sie ist neu in Elend. Sie passt mir nicht. Sie will sich für mein Empfinden nicht in den Ort fügen. Diese einheimische Fremde?! Ihre Nebenstraßen sind holprig. In ihren Löchern, Unebenheiten und Häuserzeilen fühle ich mich heimisch. Fühlt meine Freundin ebenso? Schweigend biegen wir in eine Nebenstraße.

Eine bucklige Gasse steigen wir hinauf. Da steht ein Brunnen. Ein kleiner Brunnen nur. Ein künstlicher dazu. Er speist sich nicht aus der Tiefe. Seine Quelle schlängelt sich durch den Garten. Ein Gartenschlauch. Er führt kein Wasser. Der Brunnen schweigt. Aber immerhin: ein Brunnen. Zu ihm gehört ein Gasthaus. Es braucht eine Weile, bis wir jemanden auf dem ausgedehnten Gelände finden. Ich fürchte, das Gasthausschild am Erker ist das Relikt der vergangenen Zeit. Doch dann hören wir es klappern, scheppern, werkeln weit hinten im Hof. Wir wagen uns vor und finden Menschen bei der Arbeit. In einer umgebauten Scheune füllen sie Büchsen mit Erbsensuppe. Es riecht nach

Geräuchertem und nach Holz. Es erinnert mich an das Sägewerk, das dem Haus meiner Großeltern gegenüberstand. Es erinnert mich an das Singen der Sägen. Es erinnert mich an die Hände meines Großvaters. Einer Hand fehlten drei Finger. Deshalb trug er nie einen Ehering. Es erinnert mich an den Schriftzug in der Landkarte, die uns heute durch das vermessene Land führte. *Kukkis Erbsensuppe* stand dort geschrieben. *Kukkis Erbsensuppe* lese ich jetzt auch auf den Büchsen. *Kukkis Erbsensuppe* ist ein Schnellimbiss am Weg, wo auch wir uns stärkten. In der Scheunenecke steht die Gulaschkanone. Wie sich alles an diesem Tag fügt?! Wir sind vom Schnellimbiss an den Ruhepol gelaufen. Welch Expedition! Wir haben die Quelle der Erbsensuppe entdeckt. Grün, sämig ist sie und bedacht – wie die Arbeit der Menschen hier. Die Menschlichkeit dieser Suppe speist den Geruch nach Geräuchertem, nach Holz und nach Erinnerungen. Ein guter Platz für das Nachtlager.

Wir sind hungrig. Ein Abendbrot hält die Herberge heute nicht bereit. Aber wir finden in Elend erneut, was wir suchen. Diesmal ist es ein Wirtshaus am Ende von Elend. Das Ende von Elend nenne ich Gasthaus zur entgrenzten Zeit. Nichts darin erinnert an ein Restaurant im Heute. Die Zeit blieb in ihm zurück, als sich das Land aufmachte, der Hauptstraße zu folgen. Typische Tapete. Typischer Teppich. Typische Tischgedecke. Typische Glasvitrinen, in denen typische Gläser stehen, die vom Leben in Elend vor der Zeit der Hauptstraße erzählen. Von Veranstaltungen, Vereinen, Hochzeiten, Geburtstagsfeiern, Trauerfeiern, Freundschaftstreffen und … Leben eben. Alles hier scheint typisch Made in GDR. Dschie die ar. Dschie die ar. Aus den drei Silben jener Fremdsprache spricht, spreche und spreche und spreche ich sie: Die, die waren. Alle sitzen wir beisammen in diesem Haus. Fremde. Einheimische. Einheimische Fremde. Fremde Einheimische. Ich wünsche, der Nichtweißafrikaner aus Wernigerode wäre auch hier.

Ein weißer Traum für die Nacht. Ich lese ihn in Franz Fühmanns Reisetagebuch *22 Tage oder die Hälfte des Lebens* auf. Fühmann träumt darin von Asche und Glut. Er träumt von einem saalartigen Raum. Er betritt ihn gemeinsam mit einer Frau. Der Raum ist weiß, leer und fensterlos. Keine Spur von Menschen. Fühmann sagt: „Du, ich glaube, hier haben meine Eltern gewohnt!“ Die Frau schüttelt den Kopf, und er zweifelt an seiner Behauptung. Er geht aber tiefer in den Saal. Er findet einen Ofen. Auch der Ofen ist weiß. Die Herdplatte, die Tür, der Aschkasten, alles ist weiß und kalt. Fühmann glaubt dies als Beweis, dass kein Mensch in diesem Raum gewesen ist. Er öffnet die Ofentür und findet dahinter einen zweiten Ofen gleich dem ersten, nur ist er wärmer. Er öffnet diese zweite Tür. Dahinter sieht er einen dritten Ofen, der noch wärmer ist. Er öffnet auch seine Tür. Hinter ihr sieht er einen Rost, darunter glühende Asche, darauf einen Topf, in dem eine Suppe brodelt mit Brocken von Fettstücken und Fleisch. Er weiß, das ist Menschenfleisch. Er merkt, dass er allein ist.

In meinem schwarzen Traum bin ich nicht allein. Ich träume mich auf den elterlichen Balkon des Arbeiterblocks, in dem ich Kind war. Alles um mich ist schwarz, und doch kann ich sehen, nur schemenhaft, aber ich kann sehen. Ich bin kein Kind mehr. Ich bepflanze Kübel gemeinsam mit einem Mann, dem ich mich sehr verbunden fühle. Er ist mir vertraut, aber ich weiß nicht, wer er ist. Ich sehe sein Gesicht nicht, nur seine schwarzen Hände in der Muttererde. Auch meine Hände sind muttererdenschwarz. Das einzige Nichtschwarze sind die grünen Schösslinge, die wir pflanzen. Die Arbeit gefällt mir. Auf dem Bürgersteig unter dem Balkon fährt ein schwarzer Käfer vor. Ein Cabriolet. Ein anderer Mann sitzt am Steuer. Ich zögere keine Sekunde, springe vom Balkon direkt in das schwarze Cabriolet. Wir fahren davon. Alle Türen stehen offen. Wer jener Mann im Cabriolet ist, weiß ich sehr wohl.

Spätsommerwiesen säumen den Weg nach den Träumen. Ich habe das Gefühl, mir fehlt etwas. Kletten haften an der Hose. Grassamen geben sich dazwischen und alles, was ich sonst brauche, trage ich auf dem Rücken. Ein Paar Wanderschuhe an den Füßen. Hemd, Socken, kein Hut, einige heimliche und unheimliche Texte in Diktaphon und Tagebuch. Alles ist da. Trotzdem werde ich dieses Gefühl, dass etwas fehlt, nicht los. Als ich es sehe, weiß ich, was es ist. Kornfelder. Mir fehlen Kornfelder. Von Frankfurt an der Oder bis Wernigerode haben sie uns begleitet. Durch die Magdeburger Börde sind wir gelaufen. Die Kornkammer des Landes, das im Gasthaus zur entgrenzten Zeit so präsent ist. Jetzt, da ich weiß, was mir fehlt, habe ich das Gefühl, in die falsche Richtung zu gehen. Karte und Richtungsweiser sagen etwas anderes. Auch meine Freundin sagt, wir sind richtig. Und da sind ja die Kornfelder.

Gemäht, gepflügt und sehr rot begleiten sie uns ein Stück später. Rote Erde! Schwarze Erde habe ich geträumt, Erde in allen möglichen Brauntönen habe ich gesehen, aber Erde in Rot blieb mir bisher verborgen. Ich spüre eine tiefe Verbindung zu dieser roten Erde – wie Stötzer zum Stein. Als Mensch hat mich der Bildhauer mit einem einzigen Fingerzeig tief berührt und etwas aufgebrochen, das bis dato versteinert war. Darin wühlt jetzt auch die rote Erde. Meine Hände verlangen nach ihr. Vielleicht ... wenn ich sie fassen kann, vielleicht begreife ich und ... Ich knie am Feldrand nieder, nehme eine Handvoll roter Erde. Sie ist feucht. Sie riecht nach vergangenem Regen. Sie klebt an der Haut. Rot zeichnet sie meine Handlinien nach. Sie gleicht Lehm. Ich forme ein Ei oder einen Samen aus ihr. Ein Oval. Eine Weile drehe ich die Plastik vor meinem Auge. Sie ist nicht ebenmäßig. Ich bin zufrieden. Mit dem Oval in der Linken und dem Pilgerstab in der Rechten gehe ich weiter. Meine Freundin ist längst ein kleiner Punkt zwischen den roten Feldern. Auch sonst: Niemand zu sehen. Ich hüpfe. Mache Narrensprünge am Pilgerstab. Keine weiten Sprünge. Keine hohen Sprünge. Mehr Narr als Sprung, aber hoch und weit genug, dass das Gewicht des Rucksacks abfällt. Wie ein Kind freue ich mich über meinen Lehmsamen. Nichts fehlt mehr. Wir sind richtig.

Klaus Rainer Goll

Tagebuch einer Reise nach Ahrenshoop auf dem Fischland (Auszüge)

4. Juli 1983, Montag

Meine Reise von Deutschland nach Deutschland. Ich habe keine Vorstellung von dieser Reise, weiß nicht, in welches Land ich fahre, in was für eine Welt. Noch denke ich, die Welt wird sein, wie ich sie kenne. Bei diesem Gedanken bleibe ich ganz gefasst und ruhig, so wie man auf etwas zugeht, das einem vertraut ist. Oder steckt in allem doch die Angst, die man überlistet, indem man ruhig bleibt?

Lina hat für die Reise die wichtigsten Dinge vorbereitet. Aber noch immer gibt es vieles zu bedenken und zu berücksichtigen.

Für diese Reise gerüstet sein, wie für einen Kampf, wie bei einem Aufbruch in ein unbekanntes, fernes Land. Dabei ist dieses Land auch ein Teil Deutschlands. Es ist Deutschland. Aber es ist nicht das Deutschland, das ich kenne, in dem ich groß geworden bin, aufgewachsen, aber es ist das Deutschland, das ich von Kindheit an immer vor Augen hatte: an der Trave.

Und es war immer das Land, das wir zwar sahen, das zum Greifen nah vor uns lag, das aber nicht zu erreichen war. Das war seltsam und gar nicht zu begreifen für uns Kinder: ein Land, so nah vor unseren Augen, vor unserer Tür und doch nicht zu erreichen, so fern, so fremd: ein fremdes Land.

Heute nun ist es soweit: Heute fahre ich in das geheimnisvolle Land meiner Kindheit, und das heißt nichts anderes, als dass es das Land ist, von dem uns immer gesagt wurde, das ist auch Deutschland, aber da darfst du nicht hin. Damals nannte man dieses Land noch: die Ostzone. Manchmal sagte man auch nur: die Zone. Oder: russische Zone. Aber das war für uns ein Zungenbrecher, also blieb es bei: Zone.

Die Zone: das war für uns Kinder der Blick über die Trave zum anderen Ufer hinüber und auf die sich dort an den Uferhängen erstreckenden Wälder. Manchmal auch auf die Wachtposten in ihren Verstecken, auf die mit geschulterten Gewehren patrouillierenden Wachsoldaten. Es waren immer zwei, und wir sagten, einer müsse noch den anderen bewachen. Und es sah auch oft so aus, weil einer immer, so sah es aus, einige Schritte vor dem anderen ging, am Ufer, und das Gewehr war so geschultert, als sei es auf den vor ihm Gehenden gerichtet. Eine aufregende Welt für uns Kinder, die diesseits des Flusses im Sand buddelten oder im Wasser schwammen, vor Augen immer das v e r b o t e n e Land, nach dem wir unentwegt Ausschau hielten. Jede kleine Regung drüben registrierten wir sofort, und war jemand mit dem Fernglas in der Nähe (vielleicht ein Grenzsoldat vom Bundesgrenzschutz), dann baten wir ihn darum, einmal durch das Fernglas sehen zu dürfen. Wir durften und schauten lange nach drüben, aufs andere Ufer und schauten und schauten und suchten und suchten, und was wir zu finden hofften, waren immer: Menschen. Die Menschen aber, die wir gelegentlich erspähten, waren gewehrbeladene Grenzsoldaten der Nationalen Volksarmee, ganz selten einmal ein Bauer auf dem Acker oder am Ufer, das von Zeit zu Zeit geharkt wurde, vielleicht mit einer Egge, jedenfalls zogen Pferde das Arbeitsgerät. So wurden Spuren gesichert. So wurden Spuren verwischt. Die Glockentöne vom nahen Selmsdorf aber konnte keiner verwischen, nicht einmal der Wind. Sie drangen zu uns herüber – ein Lebenszeichen.

Wir fahren nicht allein in die DDR. Aufs Fischland begleiten uns Marianne und Hubert im eigenen Auto. Durch sie haben wir die ostdeutsche Schriftstellerin Ruth Kraft kennengelernt. Das war vor einem halben Jahr in Lübeck. Ruth Kraft lebt in ihrem Haus in Zeuthen, vor den Toren Berlins, der Hauptstadt der DDR. Bei ihrem Besuch in Lübeck hatte sie von mir gehört und wollte mich kennenlernen. In Ahrenshoop auf dem Fischland bewohnt sie ein reetgedecktes

Sommerhaus einer Hamburger Familie, wo sie sich regelmäßig und ganz bestimmt in jedem Sommer aufhält. Das Haus hat sie renovieren lassen. Über die wirklichen Besitzverhältnisse, Ansprüche auf das Haus, Wohnrechte und dergleichen kann ich nichts sagen. Was wird werden, wenn … Darüber zu sprechen, wäre zu früh.

Es soll wieder ein schönes Haus geworden sein, in das sie uns eingeladen hat. In dem Haus werden wir für einige Tage ihre Gäste sein. Auf diese Weise haben wir Gelegenheit, die DDR kennenzulernen. Aber, was heißt das schon: die DDR kennenlernen. Was werden wir kennenlernen – in der kurzen Zeit unseres Aufenthaltes dort. Ich hätte es mir nicht träumen lassen. Ruth Kraft ist die einzige DDR-Bürgerin, die wir persönlich kennen. Die Bekanntschaft mit ihr macht diese Reise möglich.

Die Grenzen im v e r b o t e n e n Land sind durchlässiger geworden seit dem Grundlagenvertrag von Willy Brandt, aber menschlicher ist diese Grenze deshalb nicht. Menschliche Erleichterungen hat es gegeben, auf der einen Seite, auf der anderen ist das Netz, in dem man sich verfangen kann, noch engmaschiger geworden. Aber kein noch so eng geknüpftes Netz der Welt hat so enge Maschen, dass nicht doch hier und da etwas hindurchsickert.

Der westdeutsche Kontrollposten fragt lediglich, ob unsere Reise eine Dienstreise sei oder eine private Reise. Privat, sage ich.

Weiterfahrt, nach circa hundert Metern überqueren wir die Grenze, fahren auf das Gebiet der DDR. Merkwürdiges Gefühl im Magen. Angespannt. Gespannt. Der Kontrollposten liegt noch einige hundert Meter weiter, sehen ihn schon, fahren direkt darauf zu.

Zur linken Seite die Trave, Schlutup links hinter uns, in eine Ecke geklemmt, es ist alles so unwirklich. Zum ersten Mal befinde ich mich auf der Seite jenseits des Flusses, die für uns Kinder damals nur das v e r b o t e n e Land war, ein geheimnisvolles Land, nicht ohne Schrecken und Schönheit.

Jetzt also befinde ich mich in diesem Land, und dies Land ist auch Deutschland.

Jenseits der Trave das stillgelegte Metallhüttenwerk, das frühere Hochofenwerk. Die drei alten Hochöfen grüßen schweigend und dunkel herüber wie gewaltig drohende Zeigefinger. Im Hafen liegt kein Schiff, so wie damals. Da liegt keine „Gonzenheim“, die Kohle geladen hat oder Eisenerz. Auf diesem Werk hat Vater fünfzig Jahre gearbeitet.

Hinter dem Werk bin ich geboren worden und aufgewachsen, in Herrenwyk in der Silberstraße 1. Dort steht noch immer mein Geburtshaus. Und unweit davon das Badehaus, das zum Werk gehörte und das allen offenstand. Für fünfzig Pfennig genoss ich samstags das Badevergnügen in einer richtigen Badewanne, für fünfzig Pfennig Sauberkeit in der Woche.

Wir nähern uns vorsichtig, aber ohne Angst, dem Kontrollpunkt der DDR. Erste Kontrolle: aussteigen, Papiere abgeben, freundliche Begrüßung, aber beschränkt auf das Nötigste. „Guten Tag. Ich bringe Ihnen die Papiere zum Wagen“, sagt der junge Passkontrolleur mit tonloser Stimme, leerer Gelassenheit. „Sie können sich ins Auto setzen.“ – Warten, circa fünf Minuten.

Die Papiere werden uns gebracht. „Durchgang 5“, sagt der Kontrolleur, „fahren Sie zum Durchgang 5 weiter.“

Der Durchgang 5 liegt circa einhundertfünftzig Meter vor uns. Wir halten vor einer riesigen Überdachung aus Eisenverstrebungen, neben den Grenzhäusern. Zwei junge Mitarbeiter der Passkontrolle, ein kleiner und ein stämmiger, größerer, der die Mütze tief im Gesicht trägt und einen sehr militärischen Eindruck auf uns macht.

Tore werden geöffnet und wieder geschlossen, nach jedem Fahrzeug. Die eisernen Geräusche wie auf hohlen Gefängnisfluren. Einzelabfertigung. Das kostet Zeit, und man spürt die verkrampfte, innere Anspannung, das Ungeheure und Befremdende, Bedrückende dieser Grenzsituation, die wir niemals vorher so erlebt haben. Innerhalb der Tore kommen wir uns eingeschlossen vor, wie Gefangene in Drahtkäfigen. Als Kind fühlte ich mich vom verbotenen Land ausgeschlossen.

Eine gedämpfte Atmosphäre in der Halle. Manchmal etwas gespenstisch. Man weiß nicht, was im nächsten Augenblick geschieht. Manchmal glaubt man, in der Falle zu sitzen. Merkwürdig. Hin und wieder heulen und brausen Automotoren auf, wenn ein Auto die Kontrolle passieren darf, oder wenn es zur Kontrolle ein Stück vorfahren muss. Während der Kontrolle hat der Motor zu schweigen, auch wir. Die gedämpfte Stille wirkt bedrückend auf uns. Kein Mienenspiel auf den Gesichtern der Passkontrolleure. Sie grüßen, nehmen die Papiere entgegen, gehen, werfen (in einem winzigen Vorhäuschen) die Papiere in einen breiten Schlitz, warten, kommen zurück nach einiger Zeit, bringen Papiere mit, überqueren unsere Fahrbahn, gehen zur anderen Seite hinüber, auf die andere Fahrbahnseite, wo sich inzwischen fast zehn Autos angesammelt haben, die Richtung Schlutup fahren, dem westlichen Grenzort, Kieler, Pinneberger, Hamburger, Lübecker, wie ich an den Autokennzeichen sehe.

Passkontrolle, Anschauen der Personen, Vergleich von Bild und Person im Auto. Der militärisch wirkende Kontrolleur geht weit in die Knie dabei, hebt und senkt ruckartig den Kopf beim Vergleich der Bilder mit der Wirklichkeit. Die Zeremonie erinnert mich an das Paarungsspiel von Haubentauchern. Ein unbewusstes Lächeln huscht über mein Gesicht, der Passkontrolleur sieht mich irritiert an. Ein Fingerzeig, das Auto darf weiterfahren. In einem Auto bekommt ein Kleinkind auf dem Rücksitz sein Essen. Die junge Mutter ist ganz damit beschäftigt, während der Vater die Grenzangelegenheit mit dem Kontrolleur regelt. Dieser öffnet das eiserne Gittertor, lässt das Fahrzeug passieren, verriegelt sofort das Tor wieder. Andere Autos aber müssen die Kofferräume öffnen, auch die Motorhauben. Die Mitarbeiter der Passkontrolle kommen mit Spiegeln und langen Stöcken, mit denen sie in entlegenen Winkeln und Ecken stochern, alles ableuchten, erforschen, auch die Treibstofftanks.

Lina empfindet alles allmählich als bedrückend, ich sage: „Stell dir vor, das geschieht zwischen Deutschen und Deutschen in Deutschland.“ Lina hat Angst, ich könnte zu laut reden und kurbelt das Autofenster hoch.

Wir werden zur nächsten Kontrolle gewinkt. An der bedrückenden Stille in der Halle hat sich nichts geändert. Unsere Pässe werden kontrolliert. Weiterfahren, zur nächsten Kontrolle: Zoll. „Haben Sie Schriftstücke, Bücher, Zeitschriften, Waffen, Munition, Funkgeräte bei sich?“

Wir haben nicht.

Der Passkontrolleur wünscht uns „Gute Weiterfahrt“.

Weiterfahrt. Durch herrliche Alleen, wie wir sie auch bei uns auf der anderen Seite des Ratzeburger Sees kennen. Die Landschaft ist einzigartig, aber etwas verwildert, nicht so gepflegt. Oder ist sie nur urwüchsig? Die Häuser meistens in äußerst schlechtem Zustand, ohne Farbe, abblätternder Putz. Lina sagt, hier sei selbst das Gras noch grau.

Fahrt durchs Sperrgebiet. Die Äcker links mit hohen Drahtzäunen abgeriegelt. Selbst Hasen gelingt hier die Flucht nicht immer. Selmsdorf, Dassow, Pötenitzer Wiek. Bei Dassow eine dicke, hohe weiße Sperrmauer. Ein grauer steinerner Wachturm. Der Blick aufs Wasser ist verboten, ebenso der Weg dorthin. An einer Stelle gelingt der Blick aufs Stülper Huk auf der Westseite, wo ich viele Sommer an der Trave verbrachte und wo auf dem Hügel das älteste Travemünde gelegen haben soll. Perspektivenänderung: Jetzt erlebe ich hier zum ersten Mal den Blick von der anderen Seite hinüber aufs andere Traveufer. Das ist schon eigenartig. Die dicke weiße Sperrmauer, der graue Wachturm – bedrückend. Ein ganzes Dorf eingemauert, abgeriegelt, ein ganzes Land.

Die Bilder vom Mauerbau in Berlin am 13. August 1961 tauchen auf. Es war ein stiller Tag bei uns im Ort, ein Sonntag dazu. Das Mittagessen stand pünktlich auf dem Tisch, als uns die Nachbarin mit etwas verwirrten Worten die Nachricht von den Ereignissen in Berlin brachte.

Zu Hunderten, ja Tausenden waren in den letzten Tagen die Menschen über die offene Grenze vom Ostteil der Stadt nach Westberlin gekommen. Und jeden Tag wurden es mehr. Eine ungeheure, gespenstische Fluchtbewegung. „Der Republik laufen die Menschen weg“, sagte Mutter beim Mittagessen. „Was für ein Land muss das sein, dem die Menschen weglaufen, und was wird aus dem Land?“ Schweigen. Wie die Lücke in einem Satz stand es da, eine Lücke, die das andeutet, worüber man nicht sprechen kann. – Noch nicht. Es war irgendwann wohl Vater, der meinte: „Es könnte das Ende sein.“ Das Ende, dachte ich, könnte das nicht auch der Anfang von etwas Neuem sein? Keiner weiß. Keiner.

Die Stille im Ort änderte sich an diesem Sonntag nicht, aber die Atmosphäre trübte sich, wurde bedrückend. Ängste in der Familie und in der Nachbarschaft wurden geäußert. Ängste, noch ganz unbestimmter Art. Keiner wusste, wie es weitergehen wird, in Deutschland, in Europa, in der Welt. Die ersten Fernsehbilder aus Berlin zeigten die ersten verzweifelten Fluchtversuche und Bauarbeiter, bewacht von Soldaten mit vorgehaltenen Maschinengewehren und Gewehren mit aufgesetzten Bajonetten, die Stein auf Stein eine Mauer errichteten, die auf einmal eine Stadt zerschnitt, auf grausame Weise teilte, Familien voneinander trennte, Menschen, die soeben noch Tür an Tür lebten, die nun aus dunklen Fenstern weiße Taschentücher schwangen, mit denen sie vorher ihre Tränen abgewischt hatten. Sie winkten sich zu mit ihren weißen Tüchern von Ost nach West, von West nach Ost, über die Straßenschluchten hinweg, während Stein auf Stein in Zement gelegt wurde und die Mauer, dieser „sozialistische Schutzwall“ gegen die Feinde im Westen, wuchs, vor ihr und auf ihr der Stacheldraht.

Er erinnert mich immer an die Worte meines väterlichen Freundes, des Schriftstellers Jan Herchenröder: „Wo Stacheldraht gezogen wird, hören die Gespräche auf; wo er niedergelegt wird, beginnen sie wieder." Mehr sei dazu nicht zu sagen. Dabei hatte er grausame Zeiten hinter sich. Aus kurzen Vernehmungen nur kurze Zeit nach dem Krieg wurden Jahre der Internierung, nach amerikanischer und französischer Kriegsgefangenschaft, nach russischem Untersuchungsgefängnis in Leipzig (aus unersichtlichen, nie geklärten Gründen), Internierungslager Mühlberg an der Elbe und Buchenwald sowie deutschem Zuchthaus Waldheim in Sachsen – „Stationen menschlicher Dummheit, Stätten der Intoleranz, Stätten des Todes hinter Stacheldraht" nannte Jan diese Auswüchse von Grausamkeit und Inhumanität, von menschlicher Machtbesessenheit und Machtmissbrauch, verbunden mit gefühlskaltem Wahnsinn. Der Stacheldraht wurde zum Symbol dafür, und blieb es bis heute. Wann wird es sein, dass man den Stacheldraht niederlegt, damit die Gespräche wieder beginnen können? Noch immer steht die Mauer, wächst vor und auf ihr der Stacheldraht. Hatte nicht Walter Ulbricht einige Tage vor dem Bau der Mauer, am 15. Juli, mit seiner Fistelstimme noch verkündet, dass niemand die Absicht habe, eine Mauer zu errichten. Spätestens an diesem Sonntag, dem 13. August 1961, wussten alle, dass dies eine Lüge war. Heimlich waren sie gekommen, die Mauer zu errichten, nachts, in der Dunkelheit, als keiner mit ihnen rechnete.

Wir fahren weiter durch das Land, mit sehr gemischten Gefühlen und sehen in den Dörfern Menschen, die nicht lachen, uns nicht zuwinken, aber schauen und uns nachblicken. Hätten wir winken sollen?

die gedanken
sind frei / aber
wie kommen sie
über die grenze
den todesstreifen

hinter der grenze
liegt boizenburg
nicht weit von hier
im mecklenburgischen zur elbe hin
sagst du ein katzen
sprung ein steinwurf weit
für uns aber zu weit und warum
auch steine werfen lieber worte
zukommen lassen über die grenze
briefe und manuskripte wie
vögel / auf die wir warten
weil es doch
endlich frühling werden soll
auch in den elbniederungen
bei boizenburg

für knuth / der mir seine gedichte schickte

an der trave (1977)
I
ein dampfer fährt vorbei
skandinavienline
die winkenden hände am ufer
als fähnchen im wind
ein dunkler dampfton
vom wasser her
verzaubert die kinder
und lange sehen sie dem giganten nach
und wie die möwen sich scharen
am heck

II
nicht weit entfernt fliegt unbemerkt
ein (raub)vogel
von deutschland nach deutschland

drüben hat er sich in den bäumen
ein nest gebaut / doch hier
sucht er sich
die mäuse
für die jungen

III
weder stacheldraht
noch todesstreifen können ihn hin
dern / seine (vogel)freiheit zu
erproben
groß ist die angst
der jäger ihn zu verlieren
sie trauen ihren gedanken
und der freiheit nicht
und wenn sie könnten würden sie auch
in den räumen der vögel
ihre mauern errichten
oder ihre schießanlagen

IV
wenn er aber fliegt und seine kreise
zieht / von hüben nach drüben
gehört er niemandem nur sich
und überall am fluss
ist er zu hause

V
ein vogel fliegt über die trave
von deutschland nach deutschland
was er dabei sieht sind wälder wasser
und land und himmel und nicht
die wachposten in ihren verstecken /
aber die kinder
die diesseits des flusses einem dampfer winken

leipzig / 9. oktober 1989

am anfang war das licht
die brennende kerze
in den händen
nicht ohne angst
der marschierenden demonstranten
licht und gebet
der mutigen enttäuschten
auf die straße riefen sie
wir sind das volk
gorbi gorbi
wir sind das volk
freiheit freiheit
ein feuer entzündete ihre worte
ihre gewaltlose kraft
riss mauer wachturm
und stacheldraht
nieder
schlagbäume fielen
noch in der nacht
der weg von deutschland
nach deutschland
war frei

am anfang war die hoffnung
am anfang war die tat
am ende
standen worte:
wir sind e i n volk
am ende
stand der sieg
weiter weiter

trabis und tränen rollten

fragwürdige sehnsucht
für felix baumgartner

weltrekorde / höchstleistungen
höher schneller weiter
im fußmarsch rund
um die welt / im
fledermausanzug durch die luft
als drachenflieger unterwegs
sein heimatland
mit einem motorgleitschirm
überqueren
den höchsten sprung
von einem brett
ins wasser wagen
das fahrrad
zur schnellsten tour
um den globus
rüsten
oder – völlig losgelöst –
den fallschirmsprung
aus neununddreißig kilometern höhe
im freien fall
mit überschallgeschwindigkeit
aus allen wolken fallen
stratosphäre und troposphäre
durchbrechen
die unsichtbaren mauern
hinter sich lassen
den gedanken / dass
zeit zeitlos ist
und die zeit doch entscheidend
für den augenblick / der
den rekord im auge
und die unsterblichkeit
in aussicht hat

und endlich
die unendlichkeit /
sicher ist sie
kein leerer wahn
der kapsel entkommen
im druckanzug geschützt
am rande der stratosphäre
noch ins trudeln
gekommen
nicht ohne gefahr
nach kurzer banger abwesenheit
in gut neun minuten
wieder auf der erde
gelandet
vom himmel gefallen
ein mensch geblieben

Jürgen Haese

... nur ein Jungenstreich

War es der Ritt der nackten Schönheiten auf bockigen Eseln, der Jürgen anregt, als „Reporter des Sex" zum „Schrägen Zinnober", dem berüchtigten Faschingsfest in Westberlin, zu gehen? Er will wenigstens durch die Kostümierung ein unübersehbares Bekenntnis zum Beruf des Journalisten ablegen. „Reporter des Sex" – das ist doch was!

Als seine Mutter von der Arbeit nach Hause kommt, sieht sie, wie ihr Sohn Bilder von etwa 20 halbnackten, verführerisch lächelnden Mädchen auf dem großen Esstisch ausbreitet und sein bestes schwarzes Hemd aus festem Popelin zu bekleben beginnt.

Ihr Gezeter setzt ihm zu. „Aus Dir wird nie was! Ich wusste es, als ich Dich in Polen wiedersah! Dafür schufte ich mich ab, jahrelang! Schämst Du Dich gar nicht!?"

Ruhig klebt Jürgen weiter. „Du hast ja keine Ahnung! Nächtliches journalistisches Praktikum; ich will doch Journalist werden!" Charlotte glaubt ihm kein Wort.

Jürgen und zwei seiner Studienfreunde, die wie er am Rande Berlins, in der frisch gegründeten DDR wohnen und an der Westberliner Universität studieren, steigen zum ersten Mal in die phantasievolle, lüsterne Welt des „Schrägen Zinnober" ein. Bunte Nebel wabern im Halbdunkel, aromatisiert durch orientalische Düfte, durch Schweiß und Nikotin. Hier herrscht eine laszive Gesellschaft, von der die spießbürgerliche Ordnung der Adenauer-Ära für drei Nächte außer Kraft gesetzt wird.

Niemand beachtet seine Bildchen, hier, wo das Nackte lebendig in unüberschaubarem Formenreichtum zu bestaunen, ja zum Greifen nahe ist, wo sich die Glücklichen auf den breit ausladenden Steintreppen der Kunstakademie zu Paaren vereint haben.

Jürgen gehört nicht zu den Glücklichen und fährt mit der letzten S-Bahn über die Grenze nach Hause. Er kann es sich nicht erklären, warum ihn zwei Volkspolizisten auf dem Bahnsteig in Hohen-Neuendorf bitten, mitzukommen. Es weht ein eisiger Wind, und Jürgen ist erschöpft. Hat er sich irgendwie, durch irgendetwas verdächtig gemacht, er, der in langen Jahren geübt ist im Umgang mit den auf seinem Bahnsteig herumlungernden Vopos? Hin und wieder hatte er gesehen, wie eine Familie aus der S-Bahn rausgeholt, durchsucht und mit der nächsten S-Bahn zurückgeschickt wurde, in den Osten, mit der mehr oder weniger freundlichen Ermahnung, doch bitteschön am Sozialismus weiterzubauen.

Auf einer wackeligen Holzbank findet er sich wieder, neben einem qualmenden Bolleröfchen. Jürgen, in dessen Kleidern sich der süßlich-betörende Duft des ungezügelten Lebens festgesetzt hat, droht, in dieser Bude zu ersticken.

Endlich öffnet sich die Tür. Der ranghöhere Polizist tritt ein, befiehlt Jürgen, den Mantel auszuziehen und alles aus den Taschen auf den Tisch zu legen. „Alles", wiederholt er mit Nachdruck. Etwas West-, etwas Ostgeld, sein Personalausweis der DDR, die Eintrittskarte zum „Schrägen Zinnober" und zerknittert aus der linken Gesäßtasche – ihm bleibt fast das Herz stehen – seine polizeiliche Anmeldung in Westberlin. Der Vopo heftet seinen Blick an Jürgens Hemd, an dem viele der Pin-up-Fotos zerrissen herunterhängen. Er braucht eine Weile, um darauf zu reagieren, vielleicht auch, weil er sich an dem einen oder anderen üppigen Busen gar nicht satt sehen kann. „Was ist denn das für eine Ferkelei! Sie wissen wohl nicht, wo Sie hier sind?! Schmutz und Schund aus dem Westen zu importieren, ist strafbar!"

Jürgen kommt nicht dazu, sich zu rechtfertigen, als der Vopo mit spitzen Fingern die Anmeldung für Westberlin entfaltet. „Was haben wir denn da?! Ein Bürger Westberlins, der in die DDR einreisen will!"

Jürgen weiß, dass er schlechte Karten hat, ihm wird zum ersten Mal klar, wie leichtsinnig er die Gesetze der DDR für sich nicht gelten lassen wollte. Während er erzählt, er sei Student an der Westberliner Universität, unterbricht der Vopo abrupt das Verhör, offensichtlich überschreitet „der Fall" seine Kompetenz. „Das können Sie morgen alles in Oranienburg erklären!" Er verlässt den Raum und verschließt die Tür.

Es ist kalt, das Holz ist verbrannt. Jürgen zieht seinen Mantel wieder an, dämmert vor sich hin, kann sich seine sträfliche Nachlässigkeit nicht verzeihen.

Mit der ersten S-Bahn wird er nach Oranienburg gebracht, wo ein allseits vergittertes Fahrzeug auf ihn wartet. Erst als der Wagen mehrfach gesicherte Stahltore passiert, ahnt er, im Gefängnis Oranienburg zu sein. Eine letzte Tür fällt ins Schloss, und er steht in einer fensterlosen Einzelzelle, die mit einem Eimer für seine Notdurft und einer hölzernen Lagerstätte möbliert ist, auf der ein verdreckter, platt zusammengedrückter Strohsack liegt. Völlig entkräftet legt er sich auf das Gestell, vermag keinen Gedanken zu Ende zu denken. „Mein Gott, wie weit liegt sie zurück, meine erste Faschingsorgie, fast nur wie ein Traum", wäre nicht das Knistern seiner Pin-up-Girls, die ihn in den Schlaf begleiten.

Alles läuft ab, wie es immer abläuft, alles war Jürgen bekannt, jetzt erlebt er es. Sie haben das Licht einer altmodischen Schreibtischlampe auf seinen Kopf gerichtet. Nichtigkeiten werden abgefragt, die zermürben, und dazwischen unvermittelt Unterstellungen. „Sie wollen die Ordnung der DDR untergraben! Was zahlt Ihnen die CIA dafür? Wie heißen Ihre Kontaktleute im Rias?"

Jürgen sehnt sich nach Ruhe. Endlich auf den schmierigen Strohsack zurückkehren dürfen!

Die beiden Stasi-Mitarbeiter unterstellen ihm Unwahrheiten, Widersprüche, in die er sich verwickelt haben soll. Jürgen kann das nicht mehr kontrollieren.

Auf der Pritsche in seiner Zelle steht ein Becher Tee neben einem Kanten Brot. Wie besinnungslos stürzt er sich auf das Essen. – „He, Kumpel.“ Der sich wiederholende, lauter werdende Ruf schreckt Jürgen auf. Er hört Stimmen in der Nachbarzelle. „He, Kumpel“, flüstert jemand, „was führt Dich denn hierher?“

„Ich studiere drüben, habe einen Wohnsitz in Westberlin und hatte Westgeld.“

Schweigen. „Ist das alles, keine Spionage, keine subversiven Tätigkeiten? – Wir werden wohl zehn Jahre Bautzen kriegen, man hat uns verpfiffen. Wir haben ein Küstenmotorschiff in Warnemünde versenkt.“

Jürgen ist schockiert. Er mit Kriminellen unter einem Dach! Oder doch eine Finte der Staatssicherheit? Jürgen lässt sich zu keinen weiteren Äußerungen provozieren. Er schläft fest und tief. Wie lange?

In Panik springt er auf, hämmert gegen die eiserne Tür – nichts, alles ist still. – Nein, ein Held war und ist Jürgen nicht.

Wie eine Erlösung, so vernimmt er das Schließgeräusch in seiner Zellentür. Nur nicht länger allein im Ungewissen bleiben müssen. Es ist die gleiche Lampe, die ihn behelligt. Man bietet ihm einen Kaffee an und eine Zigarette. Jürgen erschrickt: wie seine Finger zittern! Was die alles wissen! Seine Kontakte zum Rias und seine Aktivitäten im Rias-Schulfunkparlament, und seine Mutter im volkseigenen Betrieb!

„Wollen Sie leugnen, Propagandamaterial in die DDR geschleust zu haben, durch Ballone bei Westwind, mit infamen Verleumdungen, zum Beispiel unseres Staatsratsvorsitzenden? Wir haben Beweise!“

Jürgen widerspricht. „Das stimmt nicht, das kann nicht sein. Ich habe so einen Ballon“ – und er zeigt auf ein Foto – „noch nie gesehen. Damit habe ich nichts zu tun.“

„Sie haben wiederholt die Meinung vertreten: Sozialismus ja, aber nicht gegen den Willen der Menschen. Und haben damit die DDR gemeint! Sie haben im Grenzgebiet fotografiert. Was haben Sie mit den Fotos gemacht?"

„Ich habe oft genug", sagt er unkontrolliert, „im Westen gegen die dort vorherrschende Meinung den Sozialismus in der DDR verteidigt. Genauso nehme ich mir heute das Recht, die DDR zu kritisieren."

Gelassen reagieren die beiden Stasi-Offiziere auf Jürgens Bekenntnisse: „Sie haben unmissverständlich zu erkennen gegeben, dass Sie nicht zu uns gehören. Schade, Sie hätten hier alle Chancen, ein nützliches Mitglied unserer Gesellschaft zu werden. Sie selbst haben sich entschieden: Ihr Platz ist im Westen! Sie werden aus der DDR ausgewiesen und verlieren mit dem heutigen Tag die Staatsbürgerschaft der DDR."

Im Hinausgehen fasst er den ersten klaren Gedanken, dreht sich um: „Ich habe eine Bitte. Meine Mutter arbeitet nicht weit von hier. Sie weiß seit zwei Tagen nicht, wohin ich verschwunden bin. Ich möchte ihr kurz Bescheid sagen."

Ohne eine Antwort wird Jürgen an zwei Uniformierte weitergereicht, alle seine Sachen werden ihm ausgehändigt, bis auf den Personalausweis der DDR.

Die beiden Uniformierten kennen den VEB Haushaltschemie in Borgsdorf, nur zwei S-Bahn-Stationen von Oranienburg entfernt. Entkräftet trottet Jürgen, begleitet von zwei Vopos, in den Betriebshof, wo ihn alle kennen, den fröhlichen Studenten aus Westberlin, auf den Frau Haese so stolz ist.

Er habe sich nach den Gesetzen der DDR strafbar gemacht, informiert man den Betriebsleiter, er wird ausgewiesen. Neugierig beobachten die umstehenden Angestellten und Arbeiter die Szene, andere blicken aus den Fenstern, immer mehr machen sich auf dem Hof zu schaffen, um etwas mitzubekommen.

Charlotte weint. Eingeschüchtert und obrigkeitsgläubig, wie sie ist, hat sie keinen Zweifel, dass Jürgen schuldig ist, wodurch auch immer. „Das hast Du nun davon", sagt sie vorwurfsvoll. Wovon? Sie mag gar nicht an ihren Sohn herantreten, freut sich nicht, dass Jürgen endlich gesund vor ihr steht, schamvoll schaut sie auf die Reste seines Faschingskostüms.

„Komm heute Abend nach Frohnau. Ich werde Dir alles erklären. Mach Dir keine Gedanken. Trotzdem: Es tut mir leid. Und bring mir ein paar Sachen mit, zum Anziehen. Fasching ist nun endgültig vorbei!" Und er lächelt ermutigend seiner Mutter zu.

Es ist kalt, und es fängt an zu regnen. Die drei eilen zurück zum S-Bahnhof. Borgsdorf – Birkenwerder – Hohen-Neuendorf – ein letztes Mal nach glücklichen Jahren. Mit feuchten Augen begleitet er in Hohen-Neuendorf die beiden Vopos zur Tür, sie steigen aus, bleiben vor der offenen Tür im Regen stehen. Geräuschvoll wie immer schließt die Tür. Der Regen auf den Scheiben verzerrt ihre Gesichter. Das ist sein letztes Bild von der DDR.

In drei Minuten in die andere Welt, für immer. Ich hätte gern, denkt er, den Balanceakt zwischen Ost und West nicht abgebrochen, wäre gern ein Pendler zwischen den politischen Systemen geblieben, neugierig auf die weiter wachsenden Gegensätze, hätte die unbestreitbaren Vorteile beider Seiten weiter für mich ausgenutzt – und die Tür erst zugeschlagen, wenn es mir passt, wenn überhaupt. Es war komfortabel, zwei Optionen zu haben.

Nun hat er die DDR hinter sich gelassen, unfreiwillig, er ist kein Flüchtling, sondern ein Ausgewiesener – das zu betonen, darauf legt er bei allen seinen Behördengängen wert.

Dieter Haker

Spargelaust tau Muertieden

Dormals, in Sommer 1989, dor gäw dat noch de dull malle Grenz quer dörch Dütschland un Europa. Un an disse Grenz, dor kunn einer dat Töven liehren. De Grenzers up de Ostsied vun de Grenz, de wieren ümmer bös gründlich. Egal, wat se in ehre Harten dachten. Gründlichkeit wier ehr Updrach.

In de Spargeltied vun dit Johr wier Korl vun Ratzborg ut wedder eins bi sine Schwiegeröllern in Radelübbe bi Hagenow. Un Mudder Lübbe har em, as dat wedder retour güng, noch twei Hann vull Spargel mitgäben. An de Grenz awer, dor güng dat denn los:

„Wissen Sie nicht, dass es verboten ist, Spargel aus der DDR auszuführen?" Un ihrer Korl noch tau sick kümmt, secht de Grenzer recht iernst: „Die Spargel bringen Sie wieder zurück." „Ne", secht Korl dorup, „dat dauh ick nich. Denn lat ick de hier. Un se könnt sick dorvun ne feine Supp kaken."

So nimmt de Grenzer de Spargels ünnern Arm un geiht dormit aff. Na, denkt Korl, nu geiht dat Töven los as ümmer. Nah eine gewisse Tied awer kümmt de Töllner mit ein Stück Papier un einen Schriewer wedder un secht: „Sie müssen jetzt eine Bescheinigung aufsetzen, in der steht, dass wir Ihnen die Spargel abgenommen haben."

Korl denkt sick, dat kann doch gor nicht angahn. So fracht hei denn Grenzer, ob dat dorför einen Text gifft, de vörschräben is. Orrer ob hei dat allens in sin eigen Ort upschrieben kann? „Das können Sie schreiben, wie Sie wollen", antert de Grenzer dorup un geiht wedder aff.

Korl fangt an, natürlich up hochdütsch, einen Text uptausetten, un denkt bi sick, nu kann hei eins töven. Hei schrifft also:

„An iersten Juni vun dit Johr bün ick freuhmorgens tau mine Schwiegeröllern nah Radelübbe bi Hagenow führt. Min Schwiegervadder un einstiger LPG-Buer buucht up sin eigen Land ok Blaumenkohl un Spargel an. Un versorcht dormit ok de ümliegenden Kinnerheime un Betriebsköken. So hebbt de ok mal frisches Gemüse up denn Disch. Dat is sine grote Freud. Disse Freud wull hei nu ok sine Enkelkinner Johann, Christoph un Jochen maken. Dorüm hett hei mi, denn Vadder vun sine Enkel …"

Dor is de Grenzer wedder bi Korl un seggt em, dat hei de Spargel utwag'n harr. Un dorbi up 2,5 kg kam'n is. Un dat dat in de Beschienigung stahn müsst. So schrifft Korl ganz in Rauh wieder:

„… Dorüm hett hei mi, denn Vadder vun sine Enkel, hüt nahmiddach 2,5 kg Spargel mitgäben, damit sin Döchting Karin, wat ja de Mudder vun sine Enkels is, ehre Kinner eine feine Spargelsupp kaken möch. As ick denn üm söbenteihn Minuten vör söß abends an de Grenz kam, dor ward ein Grenzer wies, dat ick ok Spargel …"

Un wedder is de Grenzer an Korl sin Siet un will endlich de Beschienigung hebb'n. Korl awer is ümmer noch nich fardig. Wat de Grenzer öwerhaupt nich begriep'n kann. So fracht hei Korl, ob dat denn so lang duern möt, tau beschienigen, dat ein 2,5 kg Spargel afnahm'n wor'n sünd. Korl awer denkt bi sick, Du büst nu an, un antert: „Se hebbt doch secht, dat dat kein Vorschrift gäb'n deiht för denn Text. Un dat man dat all'ns in sien eig'n Ort upschrieb'n kann. Un ick bün ok glicks fardig. Mak'n Se sick man kein unnötigen Sorg'n üm mi. Bäten möten Se noch töven." Wat will de Grenzer dorbi maken? So schrifft Korl also wieder:

„… dat ick ok Spargel mit öwer de Grenz nähmen will, un verklort mi, dat dat nah de Gesetze vun de DDR verbaden is. Dor heff ick em denn secht, dat ick dat gor nich begriepen kann, un dat ick all öfter Spargel mit öwer de Grenz nahmen heff. Dat letzte Mal vör eine Woch tausamen mit Mudder Clasen. Un dat ein Kolleg von em, de hier hüt ok Deinst schuben deiht, de ok dörchgahn laten hett. De Grenzer awer, de mi hüt affertigen deiht, kann dat öwerhaupt nich begriepen: dat ein Kolleg von em de Gesetze vun de DDR nich inhollen hett. Dorüm, un wieldat ick irgendwann ok nah Hus kamen will, gäw ick hiermit eidesstattlich, …"

Dor steiht de Grenzer wedder bi Korl un will de Beschienigung hebb'n. Un ward all sonn' lütt bät'n wat ungeduldig. Awer Korl kann em beruhigen. Hei wier glicks fardig. Dat geiht jetzt up't Enn tau. Hei künn ok bi em stahn blieb'n. Dat lohnt sick nu nich mihr, noch wedder nah de Barack tau gahn. Blot keine Upprägung un keine Unstimmigkeit'n wegen sonne Hand vull Spargels. Dat süht de Töllner denn ok in. So schrifft Korl wieder:

„… gäw ick hiermit eidesstattlich, mit Widerwillen un in Öwereinstimmung mit de Gesetze vun de DDR kund, dat ick dormit inverstahn bün, dat mi 2,5 kg besten Hagenower Spargels affnahmen ward. Obschonst ick dat natürlich leiwer hat har, dat de lütten Bengels, de mine Jungs sünd, sick an de Spargels vun ehren Grotvadder freun würn.
Gäben tau Zarrentin an iersten Dach in Juni vun dit Johr."

De Töllner hett nu gor kein Lust mihr, sick dat Geschriewe noch dörchtauläs'n. Man hett bald denn Indruck, dat hei froh is, denn mall'n Kierl los tau war'n, un dat dat Töven nu ein End hett. So gifft hei Korl denn Pass, wünscht emm, so as hei dat liehrt hett, gaude Fohrt, un aff geiht de Post.

Wat de wohl makt hebbt mit de Beschienigung? Korl deiht dat hüt noch leid, dat hei de nich in Plattdütsch affat hett. Un dat hei dat all'ns so kort un bündig upschräb'n hett. Un nich noch bät'n wat uthohlt un ok dat Minschliche tau'n Utdruck bröcht hett. Vun de Urgeschicht vun Meckelnborg har hei gor nicks schräb'n un vun de Bodenfruchtbarkeit up de Hagenower Sandplatt ok nicks.

Wie Minschen
In Tesdörp hett hei Josef heiten

Tesdörp, dat olle Buerndörp bäten wat südwestlich vun Zarrentin an' Schaalsee, wier gaud veerdig Johr lang vun unse Landkorden verswunnen. So as alle Dörper direkt an denn Iesernen Vorhang. Up de Ostkorden wieren disse Ortschaften gor nich ierst inteikend, un de Westdütschen wieren up sowat so oder so nich sonnerlich scharp. Dat wier äben so as dat wier: Dormit basta.

Up eins leech Tesdörp wedder midden in Dütschland. De groten, mächtigen strohdäkten Buernhüs un Schünen stünn'en hier un dor ümmer noch up de ollen Hoffstäden. De einen so gaud erhollen as dat man irgend güng, de annern bannich dull verfullen. So as öwerall in Dütschland. Un ok de wat lütteren Hüs har'n un hebbt nah olle Meckelnborger Ort hoge Däker, rode Wänn un witte Finsterkrüze. Mit de Wäch wier dat nich anners. Olle meckelnborgsche Wäch. De bestünnen un bestaht ut drei Grabens. In' middelsten ward führt.

Awer Betonverbundplaster hürte bald nah de Wenn' ok all tau dat Dörpbild, un de Hauptstraat dörch dat Dorp wier nich mihr ein Kolonnenwech för Grenzsuldaten un anner Wachlüd, ne, nu löpp' eine smucke Rennbahn dörch dat Dorp. Besten Asphalt. Allens as in' Westen. Wenn einer dor mit hunnerd Saaken dörchneih'n deih, un Dörchneih'n wier dormals bös in, denn bläf sin Auto ümmer noch up de Fohrbahn. Licht.

Irgendwecke Lüd in Tesdörp hett dat nich passt. De hebbt sick fuurtsens Schiller besorcht. Ok as in' Westen. Up de sünd twei Kinner upmalt mit einen Spälball, un dor ünner steiht scheun grot un dütlich: „Freiwillig 30 wegen uns." Dat mit de Schiller hett sick woll einer utdacht, de dat mit de Kinner hett. So is dat ja in uns Gesellschaft. De eine hett dat mit de Kinner, dorfor gift dat denn ok noch irgendwecke

Autoplaketten, mit de hei dat for un vor jedeneinen dütlich maken kann, de anner hett dat mit de Utlänner, ok dorför gift dat Plaketten, un denn kann man dat noch mit de Indianers, de Insel Rügen, oder wat anners grad is, hebben.

Mit de Vagels un Poggen kann man dat hebben. Ok Sonne Ort Lüd gäw un gift dat in Tesdörp. Wier un is ja in momentan. Disse Lüd harn ünner dat eine Schild mit de Kinner un denn Ball, up dat vun de Zarrentiner Siet her, ein anner Schild fast makt. Up dat Schild wieren ein Por Poggenfräters upmalt, Adebors, un dor mank stünn denn: „Und uns." Gaud so. Allens Handarbeid. Wägen dat Görenvolk un de Adebors.

Un denn gäw dat in Tesdörp noch anners wecke. De har'n dat mit Josef. So har'n se ünner dat Schild vun de Gudower Siet her ok ein Schild fast makt. Dor wier kein Bild upmalt, ne, dor stünn blot: „Und Josef." Friewillig 30 wägen Josef. As Korl dat dat ierste mal last hett, dat wier üm de Wihnachtstied 1990, dor is em glieks Maria infullen. De mit dat Jesuskind. Wägen Wihnachten. Is ja woll verständlich.

Bäten wat later, up denn Wech nah Zarrentin, dor hett hei denn mal eins anhollen in Tesdörp un fraacht nah denn Josef. Wat dat up sick har mit dissen Kierl. Un hett ok ein Andwurd krägen. De Josef vun Tesdörp, dat wier einen ollen Tesdörper, hürte vun lütt up an dor hen. Disse Josef hett ümmer bannig väl Döst hat, un wenn hei Döst krach, denn drünk hei ok. Nich so, as wi all', ne, hei öwerdräw dat denn. Hei drünk un drünk un drünk. Un ümmer väl. Kann angahn, hei wür dor af un an onnich mäu bi un lach sick denn dor hen, wo hei äben noch so äben un äben stahn har. Un wenn dat up de niege Haupstraat wier. Kann ok angahn, dat is Joseffen sinen Stammliegeplatz west de ganzen Johren öwer. Kann angahn, hei is dor siet Johrenden liggen gahn, un nu, nah de Wenn', mit de niege Straat, nu passte dat nich mihr so recht.

Doch wat will einer dorbi maken? Sonn' Josef hett grad so sine fasten Gewohnheiten as dat Rotwild. Dat hett ok sine fasten Wessel un Inständе. Ob Autobahnen buucht ward oder nich. Dor möten wi uns mit affinnen. Un wenn niege Straaten bugt ward, denn maken sick de Stratenbuugers väle Gedanken doröwer, wo dat mit dat Rotwild warden sali. Hebbt se sick mit Joseffen nich makt.

Bi uns in't Dorp heit de Josef Willi, woanners heit hei Hein oder Jürgen. Hütigendaachs sünd dat dörchwech Mannslüd. Nu, wo dat mit de Emanzipatschion so recht in de Gang is, warden de bald ok Maria, Leni un Gretchen heiten. Ok Regine un Yvonne. Awer: Wo is dat einmal schön, wenn disse Josefs in't Dorp grad so dortau hürt as de Kinner, de Adebors un Poggen, de Aanten, Hunn, Katten un Kaninken. Un ok unse Ollen. Wenn dat Dörp Biotop for alle is. Un wenn ok in unse Köpp Platz för alle is. Denn deiht dat nich mihr nödig mit Schiller ünner Schiller, un de ein führt dörtig wägen de Kinner, de anner wägen de Poggen, de anner wägen Josef. Denn gellt wedder öwerall de ganz normale § 1 vun de Straatenverkehrsordnung.

Doch de Josefs, tau de sick mit de Tied ok de Marias taugesellen ward, de schüllt later mal eins sammeln gahn un de Tesdörper ein Denkmal setten laten. Denn wer denkt anners schon an disse meist gauden Lüd, de ja ok unse Bräuder un Schwestern sünd un grad so Äbenbiller Goddes as wi.

Brigitte Halenta

Die Schaukel im Wald

Was wissen wir über Esther, was über Sonja? Nichts. Nicht einmal, in welchem Teil des Landes sie ansässig sind. Die Zeitung, die die Geschichte ihrer Liebe erzählt, schweigt über das Selbstverständliche wie über das Nebensächliche. Alles, was von der großen Saga der lebenslangen Liebe ablenken könnte, unterdrückt sie. Wir sollen staunen über die Kraft einer Liebe, die sich gegen alle Widrigkeiten des Lebens Jahrzehnte frisch und unzerstörbar hält.

Es gibt aber doch zwei herausgehobene Momente, die sich zu einem Bild verdichten: die erste Begegnung und die Schaukel im Wald.

Sonja ist sechzehn und arbeitet im väterlichen Kuhstall, als Esther, die neue Nachbarin, mit ihren Kindern an der Hand hereinkommt. Esther ist vierunddreißig. Die Kinder sind nur Symbol ihrer fortgeschrittenen Position im Leben. Man erfährt nichts über diese Kinder – sind es zwei oder mehr, Jungen oder Mädchen, sind sie klein oder größer – nur dies erfährt man: Esther ist erwachsen, Sonja noch nicht.

Aber Sonja wird erwachsen. Jedes Mal, wenn sie sich bei der Schaukel im Wald treffen, ist Sonja ein wenig älter. Sie wird dreiundzwanzig, sie wird fünfundzwanzig, und noch immer treffen sie sich bei der Schaukel. Die Zeitung wird das doch nicht erfunden haben, weil eine Schaukel so gut als romantisches Symbol für die Liebe taugt, für diese Kraft der Entschlossenheit, der ein himmelstürmender Aufschwung folgt.

Aus einem Nebensatz erfährt man, dass Sonja und Esther die Schaukel selbst an einem Ast angebracht haben. Mehr nicht. Aber wer von beiden hat die Idee, wer bringt sie mit – wahrscheinlich Esther, ein nicht mehr gebrauchtes Schaukelbett ihrer Kinder – und wer besitzt das handwerkliche Geschick? Das vor allem! Kaum vorstellbar, dass für eine stabile Befestigung, die Jahrzehnte standhalten soll, nicht Werkzeug erforderlich ist. Vielleicht wird die Schaukel ja auch gar nicht zum Schaukeln benutzt, hat also nichts auszuhalten, sondern wird immer nur angeschaut. Das einzig Fassbare, das ihnen beiden gehört: eine Schaukel. So wie Hölderlin und Susette sich heimliche Briefe in die Hecke stecken, so befestigen Sonja und Esther in den Schnüren Blümchen, Tannenzapfen und andere Zeichen ihrer Anwesenheit, wenn sie sich verfehlen. Vielleicht klemmen auch Papierröllchen mit Gedichten zwischen den Schlaufen. Esther mag Rilke, Sonja Fried. „Wie soll ich meine Seele halten, dass sie nicht an deine rührt?"

Sonja ist die Drängende, Esther hat Schuldgefühle, sie hat Kinder, wir erinnern uns, und einen Mann. Eines Tages geht der Mann. Esther ist frei. Es ist der Augenblick, in dem sie endlich die große Sehnsucht nacheinander stillen können. Aber Sonja und Esther haben eine Schaukel im Wald aufgehängt, nicht ein Zimmer in der nahen Kreisstadt gebucht. Sie kommen nicht zusammen, sie sehnen sich weiter nacheinander. Sonja erklärt das. Ihre Liebe sei transzendent, sagt sie, also nicht im Bereich der normalen Sinneswahrnehmung, sie ist nicht von dieser Welt und noch nicht von einer anderen. Liebe im gasförmigen Zustand der Sehnsucht.

Die unsterbliche Liebe ist unsterblich, weil sie nicht von der Hoffnung auf Erfüllung lebt, sondern von der unvergänglichen Erinnerung an eine Zeit, als es noch keine Grenzen gab, als alles miteinander verschmolzen war: Innen und Außen, das Selbst und das Andere, der Leib und die Seele. Babywonnen und Kleinkinderglückseligkeiten.

Esthers Mann ist schnell wieder zurückgekehrt. Sonja hat keinen Mann gewollt und eine andere Frau als Esther schon gar nicht. Auch nach zwanzig Jahren tauschen Sonja und Esther Briefe und gehen miteinander spazieren. Die Zeitung schreibt nicht, in welchem Zustand sich die Schaukel im Wald befindet. Wenn Wetter und Wind ihr zugesetzt haben, muss sie möglicherweise ersetzt werden.

Im Kasten

Ich möchte mich auch mal so in ein weißes Unendlich stürzen, dachte Clea, hineingebückt in die Nische, wo lauwarmes Wasser aus einem verkalkten Hahn drucklos in die Schüssel rann. So wie die im Kasten wollte sie sein, mit solchen Brettern unter den Füßen, es hell haben und weit.

Clea versuchte, lautlos zu denken, denn die Mutter sollte sie nicht hören. Aber die Mutter hörte ihre Gedanken immer. Das war, so schien es ihr, wegen der Enge unvermeidlich. Sie versuchte es trotzdem. Immer wieder, denn es war wichtig, herauszufinden, ob es nicht doch irgendwo einen Winkel gäbe, eine Ecke sich auftäte, die die Mutter nicht besetzt hatte. Aber die Mutter hatte ihre Ohren auch in Cleas Kopf untergebracht; genauso wie Augen, Mund und Nase.

Wenn das Essen auf dem Gaskocher, der so schlecht zu regulieren war, anbrannte – sie rochen es im selben Augenblick – und wenn sie an den verdorbenen Geschmack dachten, zogen sich ihre Mundschleimhäute vor Widerwillen zusammen. Auf den verbeulten Blechtopf, dessen Boden nun wieder mühselig reingeschrubbt werden musste, blickten sie mit derselben Verachtung, und wer von ihnen beiden dann, wenn sie sich endlich an den Tisch setzten, ausrufen würde, „... dass wir aus solch einem Topf essen müssen!", das war egal. Hauptsache, es wurde ausgesprochen! Jeden Mittag, angebrannt oder nicht angebrannt, noch bevor sie die Löffel in die Hand nahmen.

Der Vater verweigerte ihnen nämlich schon seit langem einen neuen Topf. Immer, wenn er die schwere Tür aufschloss, um ihnen die Nahrungsmittel für die nächsten

Tage zu bringen, lauerten sie, ob er einen neuen Topf dabeihätte, aber jedes Mal sagte er barsch: „Ich schleppe mich schon genug ab, um euch zu versorgen, wartet, bis er ein Loch hat.“ Sie wollten ihn auf keinen Fall verärgern und nickten, aber bei der nächsten Mahlzeit sagten sie es wieder: „… dass wir aus solch einem Topf essen müssen!“

Der Vater blieb in letzter Zeit nur noch kurz. Seitdem die Mutter, wenn er den Vorhang vor dem Bett zuzog, nicht mehr wie früher geflüsterte Bitten und erstickte Laute von sich gab, sondern so still geworden war, als wäre sie gar nicht da, und Clea nur noch den keuchenden Atem des Vaters hörte, bis auch der in einem letzten Stöhnen erstarb, ging es viel schneller. Danach allerdings war es immer schwer. Einerseits hatten sie neue Nahrungsmittel im Schrank, und manchmal sogar etwas Besonderes, das sie sich schon lange gewünscht hatten, andererseits lag die Mutter nach dem Besuch des Vaters zu einem Knäuel zusammengedreht auf dem Bett und redete bis zum nächsten Morgen kein Wort. Sie konnte sehen, dass es auch im Kopf der Mutter still und leer war. Sie versuchte, an nichts zu denken, um die Mutter nicht zu stören.

Den Kasten anzuschalten, war dann ganz undenkbar. Einmal hatte sie es versucht, es war schon lange her, sie war sehr viel kleiner gewesen als jetzt. Sie hatte die Menschen im Kasten so leise sprechen lassen, dass sie ihr Ohr an die Scheibe pressen musste, um etwas zu verstehen. Aber die Mutter war hochgefahren und hatte ihren Kopf so gegen den Kasten geschlagen, dass ihr ein paar Augenblicke ganz schwarz vor Augen geworden war. Sie hatte zuerst gedacht, nun wäre der Kasten kaputt, und das war ihr so entsetzlich vorgekommen, dass sie nicht mehr leben wollte, dann aber hatte sie gemerkt, dass die Bilder noch da waren, und dass die Schwärze nur in ihrem Kopf gewesen war. Da hatte sie sich gefreut und wollte auch wieder weiterleben, nahm sich aber fest vor, in Zukunft vorsichtiger zu sein.

Der Kasten war das Einzige, worüber sie nicht einer Meinung waren. „Das ist alles nur ausgedacht", sagte die Mutter auf ihre bohrenden Fragen. Clea glaubte der Mutter. Aber manchmal, wenn sie gerade wegsah, wie jetzt, wenn Clea gebückt in der niedrigen Nische über der Schüssel ihr Gesicht wäscht, überfällt es sie zitternd, dieses Gefühl, das so stark ist, dass ihr Atem zurück muss in die Brust. Denn, wenn in Armen und Beinen sich ein Drang ausbreitet, gegen die Wände zu schlagen, ohne Rücksicht auf das Geschirr, das dabei zu Bruch gehen könnte, oder gegen die Wände zu treten, als wären sie nicht aus Stein, sondern könnten unter der Kraft ihrer Sohlen nachgeben, dann vergisst sie alles und will nur noch eines: sich in dieses weiße Unendlich stürzen, das sie Schnee nennen. Und genau dann steigt in ihr eine kleine irrsinnige Hoffnung auf, so unabweisbar wie manchmal die Träume in der Nacht, etwas von dem, was im Kasten ist, wäre wahr und nicht nur ausgedacht.

Wolf D. Hartmann

Lichtgrenze im Zwielicht

Ron hatte genug an der Grenze erlebt, als er vor über drei Jahrzehnten hier an der Berliner Mauer seinen Wehrdienst ableisten musste. Jetzt wollte er sich nach 25 Jahren Mauerfall unbedingt die „Lichtgrenze" ansehen, die hier vorgeführt werden sollte. Dabei wusste er noch gar nicht, was gemeint war. Dann fand er in einem Flyer eine Erklärung:

„8000 weiße, leuchtende Ballons markieren den ehemaligen Mauerverlauf. Die emotionale und visuelle Kraft dieser Lichtinstallation ruft auch die Brutalität der Mauer in Erinnerung."

Wieso vermitteln Ballons Brutalität?, rätselte er. Da verkörperte doch damals die Kalaschnikow in seiner Hand eine ganz andere Brutalität.

Die nachgestellte Lichtgrenze bestand aus Leuchtballons auf Carbonstangen mit einem wassergefüllten Ständerfuß. Die mit Helium gefüllten Kugeln von etwa sechzig Zentimetern Durchmesser saßen auf einer Art Trichter. Beim Antippen der Stiele wippten die Lichthäupter hin und her. Sie sollten dann auffliegen. Einige hingen jedoch schlaff herab, weil ihnen die Puste ausgegangen war.

Mehrfach traf Ron beim Gang entlang der einstigen Grenze Reparaturtrupps, die ihn an unangenehme Einsätze bei Grenzdurchbrüchen erinnerten. Einmal hatte er mithelfen müssen, einen Getroffenen aus dem Stacheldraht zu holen. Davon träumte er heute noch, schweißnass. Dabei hatte er gar nicht geschossen. Er sah das viele Blut vor sich, die von einer Salve beinahe abgetrennte Hand des jungen Flüchtlings, das zerschossene Foto einer jungen Frau in der Brieftasche. Ihm wurde ein bisschen schwindlig.

Ron überlegte. Wieso war der Aufstieg von Lichtballons in Berlin erlaubt? Die Aktion ließ an die alten Kong-Ming-Laternen aus Asien denken, die man vor über 2 000

Jahren zum chinesischen Neujahrsfest als Glückslaternen mit Heißluft aufsteigen ließ. Sie waren wegen Brandgefahr hierzulande längst verboten. Galt das für die Grenzballons nicht?

Ron war verwundert, wie heiter, fast ausgelassen es am einstigen Grenzverlauf zuging. Man prostete sich zu, sang und verkaufte Soldatenmützen aus DDR- und Sowjetzeiten. Ein Spaßvogel in NVA-Uniform drückte gegen Gebühr den Visumstempel in einen japanischen Pass. Einige klopften ihm auf die Schulter und riefen „cool".

Die Leuchtballons wirkten auf Ron wie Partybeleuchtung oder wie Reklame für Energiesparlampen. Die Lichtgrenze sollte Emotionen von vor 25 Jahren aufleben lassen. Seine Emotionen kühlten sich eher ab.

Bei einsetzender Dämmerung überlegte Ron, ob die Lichtgrenze symbolisieren sollte, wie dunkel es früher im Osten war und wie hell im Westen. Das gefiel ihm ganz und gar nicht.

Ron wusste natürlich, dass es tatsächlich Grenzen durch Licht gibt. Aus dem Weltraum kann man sie klar erkennen. Die entwickelten Regionen strahlen leuchtend in den Weltraum. So gesehen symbolisiert Licht Wohlstand.

Licht kann aber auch schlaflos machen, schmerzen, ja, foltern. Ron dachte an das grelle Licht bei den Verhören von festgenommenen Grenzgängern. Gott sei Dank! Daran musste er nie teilnehmen.

Als Naturfreund sah Ron zu viel Licht kritisch. Das nächtliche Kunstlicht störte die biologischen Abläufe. Das wurde sogar wissenschaftlich erforscht, wie er von einer Freundin wusste.

Beim Schlendern an der Lichtgrenze grübelte der ehemalige Grenzer weiter. Die Lichtballons wirkten auf ihn nicht wie ein Grenzsymbol. Eine Grenze kennzeichnet immer zwei Seiten. Wo lag wirklich die dunklere Seite? Darüber herrschte offenbar Einigkeit.

Freunde von Ron meinten, man müsse bei einem solchen Jubiläum auch innehalten und sich nachhaltige Folgen für die ganze Welt vor Augen halten. Doch bei Euphorie fällt Innehalten schwer.

Angesichts der Lichtgrenze als Symbol des gelungenen, friedlichen Strebens nach Freiheit und westlichem Wohlstand fielen Ron auch Schattenseiten ein. Vielfach ging nach der Wende im Osten das Licht aus, in den Betrieben, im Bereich Kunst, Kultur und Wissenschaft, in sozialen Einrichtungen. Hatten die Macher der Feierlichkeit auch daran gedacht? Immerhin verloren Millionen Menschen im Ostteil nach dem Sieg der Leuchtreklame ihre Arbeit, Anerkennung, Freunde und viele Illusionen vom gerechteren Deutschland.

Die meisten wurden zwar materiell reicher und konnten frei reisen. Aber die Hoffnung vom November 1989 auf eine erneuerte, gerechtere deutsche Republik verflog rasch. Die neu gewonnene Freiheit zeigte ein glänzendes Neon- und LED-Gesicht. Ron zweifelte daran, dass die Geopolitik nach dem Mauerfall wirklich friedlicher, menschen- und umweltfreundlicher geworden war. Die terrorgeplagte Welt erschien ihm heute viel blutiger als früher. Der Terrorismus breitete sich immer mehr aus. Die Zahl der Kriegs- und Wirtschaftsflüchtlinge nahm drastisch zu. So entstanden neue Grenzen ohne Hoffnungslicht, auch religiöse, mentale oder ethische Grenzen.

Der ehemalige Grenzsoldat starrte verstört in die Lichtgrenze. Dann fiel ihm ein, dass noch ein Konzert am Brandenburger Tor stattfinden sollte.

Der Andrang zum Höhepunkt der Aktion nahm in Zentrumsnähe enorm zu. Mehrfach wollte Ron auf den Ballonstart verzichten, aber er kam gar nicht mehr weg. Auch Menschen können Mauern bilden. Die Anwesenheit beim angekündigten Konzert am Brandenburger Tor war ausgeschlossen. Da fand er zufällig eine Stelle in seinem Flyer:

„Zum Höhepunkt lassen die Ballonpaten in einer spektakulären Gemeinschaftsaktion alle Ballons in den Himmel steigen. Am Brandenburger Tor spielt die Staatskapelle Berlin den Schluss-Satz aus Beethovens 9. Sinfonie mit der *Ode an die Freude*. Live-Übertragung im Fernsehen."

Dieser Teil der Festveranstaltung würde zweifelsfrei erhaben ausfallen. Noch stand ja das visuelle Haupterlebnis der Ballonaktion aus. Die Besucher wollten offenbar vor allem erleben, wie die Leuchtballons vom ehemaligen Grenzverlauf aufsteigen und wie der ehemalige Todesstreifen unter ihren Füßen im Dunkel versinkt.

Ron musste sich darauf konzentrieren, im Gedränge unversehrt zu bleiben. Seine Blicke suchten nach ersten Leuchtballons am Himmel. Aber davon war im Novembergrau über der Ex-Grenze nichts zu sehen.

Als es dann endlich so weit war, wollte Ron seinen Augen nicht trauen. Nach dem Startschuss schwebten die Ballons nicht gemeinsam im Schwarm, sondern fast vereinzelt in die Höhe, viele mit starkem Licht, aber manche auch schwach. Sie leuchteten nicht sehr lange im Nachthimmel. Daran konnte der hin und wieder aufbrausende Jubel bei einem Gruppenaufstieg der Ballons nichts ändern. Jubel macht kein Licht.

Der ehemalige Grenzsoldat sah sich und die anderen Besucher einen Moment lang als Komparsen in einer Übertragung vom Mauerfalljubiläum. Sein Smartphon klingelte. Ein Potsdamer Freund schrieb per WhatsApp von zu Hause: „Wer eingekeilt in Menschenmassen steht, kann sich kein Urteil erlauben. Aber das Fernsehen hat die Jubelfeier exzellent rübergebracht."

Ron hörte von Nachbarn, dass die Wünsche der Ballonpaten für eine Welt in Frieden und ohne Mauern aufbewahrt werden sollten. Die Idee gefiel ihm. Daraus konnte eine Online-Galerie entstehen aus unzähligen Reflexionen zum Mauerfall. Darin würde sich die Grenze vielschichtig widerspiegeln: Licht und Schatten dicht beieinander.

Gisela Heese

Von Liebe und Tod

Es ist früh morgens, um sechs Uhr herum. Marga taumelt verschlafen hoch, der Druck liegt auf Herz und Blase. Sie geht langsam zur Toilette, erleichtert sich. Der Druck lässt ein wenig nach, die Beklemmung auf der Brust bleibt ihr.

Keine Weichheiten!, ruft sie sich zur Ordnung. Auf dem Rückweg schaut sie im Wohnzimmer nach dem Rechten. Der Hermann hat wieder nicht aufgeräumt – der tägliche Zorn steigt in ihr auf – immer muss ich ihm alles hinterhertragen.

Sie will das Geschirr vom Abend wegräumen, greift nach der Untertasse. Sie kommt nicht mehr dazu. Wie ein Stein sackt sie zwischen Sofa und Couchtisch, die Beine knicken einfach weg. Sie krallt sich in die gestickte Decke, zieht im Fallen den Nippes von der Fläche, sie schreit nicht.

Hermann hört im Schlafzimmer einen dumpfen Aufprall, kommt schwer hoch aus seinem Traum, öffnet die Augen nur einen schmalen Spalt breit und erkundigt sich über die Schulter nach Margas Befinden. Er erhält keine Antwort, nur ein dumpfes Geräusch. Er denkt, sie sei ihm wieder gram, weil er die Tasse hat stehen lassen am Abend – und schläft weiter.

Zwei Stunden später findet Hermann seine Frau. Marga liegt gelähmt auf dem Teppich des Wohnraumes und stöhnt leise.

„Was hast du, was ist dir …?“, ruft er verwirrt.

Sie antwortet ihm, doch die Worte dringen nicht aus ihrer Kehle, die Lippen bleiben stumm.

Konfus ruft er als erstes seine Tochter in Hannover an, dann seinen Sohn in Hamburg, dann den Krankenwagen, der erstaunlich schnell kommt und Marga ins Krankenhaus bringt.

Als Claudia zwei Stunden später in Vlotho eintrifft, findet sie ihren Vater verstört in der Küche am für zwei Personen gedeckten Frühstückstisch. Sie fährt mit ihm ins Krankenhaus, wo sie erfahren, dass Marga im Sterben liegt. Hermann sitzt wie versteinert neben dem Bett der Gattin.

Auch Holger hat sich hastig frei genommen, in den Wagen gesetzt und ist an das Sterbebett geeilt. Die Kinder können nur noch Abschied nehmen von ihrer Mutter, die sie geliebt haben und gehasst zugleich. Zwei Tage dauert Margas Reise in die andere Welt, dann hat ihre Qual ein Ende, es ist der 8. Dezember.

Die Geschwister veranlassen die notwendigen Schritte, stark erschüttert über diesen plötzlichen Tod.

Am 13. Dezember findet die Trauerfeier statt. Eine große Menge an Menschen drängt sich in der kleinen Kapelle: die Damen aus der Arbeiterwohlfahrt, um die sich Marga so lange verdient gemacht hat, die Verwandten, Geschwister und Freunde aus den letzten Jahren, Menschen, denen Marga zur Seite gestanden hat.

Einen Tag nach der Beerdigung bricht Hermann zu Hause unter Schock zusammen, wird ins selbe Hospital eingeliefert, in dem zuvor seine Frau gestorben ist. Ihm scheint, als sei das Bett noch warm von ihrem Körper.

Während der Vater in der Klinik liegt, räumen die Kinder die Sachen ihrer Mutter aus. Sie wollen ihm diesen schmerzlichen Akt ersparen. Die Gnadenlosigkeit, mit der Claudia das Geschäft betreibt, gleicht eher einer Austreibung. Paketweise gehen Kleidung, Schmuck, Schuhe, Wäsche an die arme Verwandtschaft in der DDR. Nein, behalten will sie nichts, sie hat einen vollständigen Haushalt und da passt nichts mehr hinein. Die beiden Schwestern der Mutter, die zur Beerdigung gekommen sind, helfen ihr dabei, und natürlich bekommen die Tanten einige der Lieblingsstücke vermacht, Kleidung und Modeschmuck in Erinnerung an Marga, mit der sie ihre Jugend verbrachten, die Erinnerung an verlorene Heimat teilten, mit der sie so viele Jahre in Urlaub gefahren sind.

Kurz vor Weihnachten wird Hermann entlassen. Als er die entrümpelte Wohnung sieht, beginnt er zu weinen; die Schultern zucken im Krampf, aus den Augen quälen sich Tränen, Tropfen für Tropfen. Das hätten seine Kinder ihm nicht zugetraut, so sehr, wie dieses Ehepaar sich immer gestritten hat. Wilhelm Hermann Mattern ist mit Marga Lorenz fast 45 Jahre verheiratet und – abgesehen von den Kriegsjahren, der Gefangenschaft und den Reisen seiner Frau – mit ihr beständig zusammen gewesen, auch wenn nach seiner späten Heimkehr zwischen den beiden ein permanenter Kriegszustand herrschte.

Ihre Brut hat Marga mit ihrer immerwährenden Unzufriedenheit, mit ihrem Gezänk aus dem Haus getrieben, den hochbegabten Holger in eine Lehre als Maschinenschlosser – vom Gymnasium ist er abgegangen unter dem Protest der Lehrer. Wenn er es später doch zu einem respektablen Oberstudienrat gebracht hat, ist das allein aus eigener Kraft geschehen. Der Tochter Claudia hat immerhin ihre Lehrerin ein Studium an der Fachhochschule vermittelt, auch das eine verzweifelte Flucht vor der dominanten Mutter. Wenn sie dann trotz ihres Talentes doch nicht die Laufbahn einer Künstlerin eingeschlagen, sondern als Verkäuferin und später als Kunstlehrerin gearbeitet hat, so aus tief verwurzelter Verunsicherung.

Die Kinder können nicht verstehen, warum der Vater so verzweifelt nach den Überresten der mütterlichen Gegenwart jammert.

„Das wird sich geben, du wirst dich an die Veränderungen gewöhnen“, tröstet Claudia den Vater. Die beiden glauben, dass Hermann nun eigentlich aufatmen, endlich seinen Neigungen leben und mit Trompete und Geige bei der Arbeiterwohlfahrt für alte Menschen musizieren kann. Dass er nun endlich seiner Berufung folgen darf, spät, aber frei vom beständigen Nörgeln und Zanken seiner herrischen Frau.

Endlich aufatmen, endlich kein Streit mehr. Jetzt, nach so vielen Jahren, mag des Vaters eigenes Leben noch einmal beginnen. Das denken Margas Kinder …

Immer, wenn Hermann heimkommt, ist da Stille. Er geht zum Schrank, Margas Sachen sind weg. Die Kinder haben es gut gemeint – aber Margas Geruch ist mit ihrer Kleidung fort, die Schränke leer, die Wohnung einsam und steril.

Diese Bleibe ist nicht mehr sein Heim.

Holger und Claudia, die im Stillen seit vielen Jahren auf Seiten des Vaters standen, versuchen, ihm seinen neuen Lebensabschnitt schmackhaft zu machen, sie rufen ihn jeden Tag an – aber sie sind nicht da. Sie laden ihn zu sich ein, doch Hermann will nicht, er scheut die lange Reise mit der Bahn, er will den jungen Leuten nicht zur Last fallen. Die haben doch selbst Familie, was soll da ein alter Mann mit am Tisch sitzen. Er wüsste ohnehin nicht, was er ihnen sagen sollte.

Er bleibt lieber alleine mit seinen Erinnerungen, durchstreift die frühen gemeinsamen und die einsamen Jahre in den russischen Gefangenenlagern, in denen der Gedanke an seine junge Frau und seine Kinder ihm den Überlebenswillen eingaben. Nur einen Wimpernschlag lang war er mit seinem Weibe glücklich, damals vor dem Kriege. Als er zurückkehrte aus den Gulags des Ostens, war mit den Endkriegswirren eine andere in den Körper seiner Frau geschlüpft. Mehr als 35 Jahre Unterdrückung, Streit, Fremdbestimmung durch die Furie an seiner Seite, die seine Lebensäußerungen bis ins Innerste beschnitt, beständig neben ihm, ihn nie in Ruhe lassend. Immer hatte sie das Sagen, und wenn er sich auflehnte, folgte ein Krieg, gegen den die Gefechte an der Ostfront verblassten. Sie hat ihm seine Karriere als Musiker ruiniert – damit könne er die Familie nicht ernähren – hatte ihn in ein farbloses, aber sicheres Leben als Postbeamter gepresst, ihm mit ihren Allüren zu Höherem das Leben zur Hölle gemacht. Wie oft hatte er sie zum Teufel gewünscht, sich vorgegaukelt, er lege seine

Hände um ihren Hals und drücke zu, bis das Gekreische ein Ende habe.

Doch nun ist Stille um ihn, eine Stille, die auch der Fernseher nicht übertönen kann. Hermann sitzt vor der Mattscheibe und starrt ins Geflimmer – bis das Fenster aufgeht …

Er erschaut die weiten hügeligen Landschaften Ostpreußens und Marga läuft ihm entgegen in diesem geblümten cremefarbenen Sommerkleid, ganz frisch und selbstbewusst. Er nimmt ihre Hand und steckt ihr den Ring an. Er fährt ihr durchs kastanienbraune Haar.

„Lass das!“, protestiert sie ungnädig.

Er lächelt, streicht ihr über die Wange, sie nimmt seine Hand in die ihre. Wie stolz ist er, eine so große und mächtige Frau erobert zu haben. Und da ist dieses Lächeln, dieses unwiderstehliche Lächeln, das er schon 40 Jahre nicht mehr gesehen hat. Sie steht im Raum und hält ihm das kleine Bündelchen entgegen, das ihm so ähnlich sieht.

Die Kinder rufen ihn an und fragen ihn, wie es ihm gehe und ob er zurechtkomme. Er sagt: „Gut, es wird von Tag zu Tag besser.“

Er sieht den heimatlichen Bauernhof im Thüringischen; den massigen, eisernen Herd, an dem die Großmutter regiert; die in der Morgenfrühe dampfenden Kühe auf der Weide; das weiche, duftende Heu im Dämmerlicht des Stalles, in dem er sich so oft versteckt hat; die Geschwister, mit denen er rauft. Es gibt genug zu essen und zu trinken, warme Milch, mit Speck gebratene Kartoffeln, frische Eier und Äpfel direkt vom Baum – ein jeder wird satt.

Und er erkennt die Geige, die er sich zu seinem zehnten Geburtstag ertrotzt hat. Er ist der Älteste, aber Bauer werden will er nicht. Er möchte Musiker sein, die Menschen mit Tönen verzaubern, auch wenn er dazu seine Heimat verlassen muss. Er hört die schmissigen Klänge seines Musikkorps, sieht die große Reise in die ferne Ostprovinz des Reiches, die Kaserne in dieser ostpreußischen Kleinstadt, ein ruhiges und beschauliches Leben.

Und da ist diese wunderbare, spröde junge Frau mit ihrer Entwarnungsfrisur und den eleganten Kleidern, die ihn in der Bank bedient, nicht nur körperlich auf ihren Stöckelschuhen zu groß für ihn. Sie kommt gleich nach dem Direktor, er ist nur ein einfacher Bauernsohn, sie ist stolz und abweisend.

Und dennoch – er erobert sie zäh und beharrlich, mit der Macht seiner Musik. Sie ist der Inbegriff von Harmonie und Schönheit, die Fleisch gewordene Muse der Klänge. Gemeinsam spazieren sie an den Sonntagen um den See, sprechen über Kunst und Musik – nein, sie spricht, sie weiß so vieles mehr als er sagen könnte. Doch die beiden können auch beredt miteinander schweigen. Später tauschen sie Küsse, und als er sie vorsichtig fragt, sie, die Königin des Guten und Wahren, sie, die immer einen Ausweg weiß, als er ihr die Frage aller Fragen stellt, so mutig, wie nie zuvor in seinem Leben – und es geschieht ein Wunder …

Manchmal vergisst er, die flimmernde Fläche vor sich auszuschalten.

Die Kinder kommen und sagen ihm, er müsse sich Beschäftigung verschaffen, ob er für einige Zeit zu ihnen ziehen wolle.

„Nein, es ist gut so."

Tagsüber tut ihm das Herz weh; aber abends findet er seinen Frieden, sobald er die leuchtende Scheibe einschaltet.

Irgendwann merkt er, dass sein linker Arm sich nicht mehr bewegen lässt. Er greift mit der Rechten zum Telefon, doch seine Stimme versagt. Marga steht in der Tür und sagt:

„Reg dich nicht auf, Hermann, gleich ist es vorbei."

Es ist gut so.

Er wird ruhig, der Telefonhörer schlenkert sacht neben dem Tisch.

Wilhelm Hermann Mattern stirbt zwei Monate nach seiner Frau und hinterlässt zwei fassungslose, erwachsene Waisenkinder.

Beinahe ungeteilt

Zwischen Flensburg und Krusau wurden wir mal
zurückgeschickt, mein Pass war abgelaufen. Heute
fahren wir ohne Pässe einfach vorbei an den
Grenzschildern und kurven in Sonderburg,
Apenrade und Ripen herum, wo man im Jahr 1460
Wert darauf legte, nicht zum Königreich Dänemark
zu gehören, sondern zum Herzogtum Schleswig
und zur Grafschaft Holstein, auf ewig ungeteilt,
im Antiquariat finden wir Goethe neben
Baggesen, Oehlenschläger und Andersen in
deutscher und dänischer Sprache und fühlen uns
auf der Rückfahrt bei Tondern beinahe
up ewig ungedeelt.

Zweites Frühstück in Zarrentin

Zum zweiten Frühstück in Zarrentin gibt es
nicht mehr das Ei im Glas, nicht mehr den Intershop nebenan,
wo wir die blaue Keramik mit weißen Punkten kauften,
nicht mehr die Grenzkontrollen, wo wir das Glück hatten,
freundlich begrüßt zu werden, angenehmen Aufenthalt
in unserer Republik, wünschte die Volksarmee.
Damals genossen wir unsere etwas zweideutige Liebe
zum anderen Deutschland, wo wir das Glück hatten,
Gäste zu sein, wo Dichter was galten, wo der Staat
sogar Lyriker ernst nahm. Alles weg. Volksarmee
Volkseigentum Volksmärchen, statt Ei im Glas Spiegelei,
Spiegel, Playboy und Bunte. Aber immerhin
freie Fahrt nach Berlin, freie Fahrt immerhin.

Deutschland. Ein Augenblick

Als die Freude groß war, die Götter
Funken sprühten, diesseits und jenseits,
als würde die Wirklichkeit nicht müde
zu feiern, als mein Sohn mit der Freundin
auf der Mauer stand bei den Kommilitonen,
als die junge Frau von dem hohen
antifaschistischen Schutzwall hinunter
sprang und dem Mann von der Volksarmee
eine Rose schenkte. Aber ich bin Kommunist,
sagte einer. Macht nichts, komm rüber.
Als man das Volk plötzlich sehen und lieben konnte.
An den Mauerstückchen blinken aufgehoben
die hellen Klänge der Mauerspechte.

Christa Heise-Batt

New York, New York – en Stadt ohn Grenzen

New York, dat is mien Stadt. Siet ik 1962 to'n eersten Mal mienen Foot in ehr rinsett heff, hett mi – dörch all de Johrn – nie nich dat Geföhl verlaten, dat ik ehr kenn, dat ik ehr mag, dat ik to ehr höörn do – en Stadt ohn Grenzen.

Op mienen eersten Översee-Töörn för mien Export-Firma möök ik in New York Statschoon. Ik harr dor Frünnen. Gegen dissen Twischenstopp harr mien Chef nix intowennen. Na, denn man los ...!

1950 weer ut mien Heimatdörp en jung Ehepoor utwannert, vull Moot – över all Grenzen weg na New York.

Ik weer mit jüm goot befründt un as se höörn deen, dat ik en Översee-Töörn vör mi harr – sowat snackt sik in en lütt Dörp gau rüm – dor laden se mi in, bi jüm in New York Statschoon to maken. Ik weer de eerste Besöök, de ut de Heimat keem. Groot Freid op beide Sieden.

Ehrer dat ik in ehr Huus güng, hebbt wi in en groot Inkoops-Center eten. Sowat von Riesen-Center harr ik noch nie nich sehn. Dat geev dat in Düütschland noch nich. Ik weet dat hüüt noch. Ik heff mi „Chicken in a basket" bestellt. Alleen, üm to kieken, wat dat woll weer: „Hühnchen im Korb"! Weer fein anricht un hett lecker smeckt.

De neegst Överraschen. As wi fardig weern, man nich allens opeten harrn, keem de Bedeenungsdeern un fraag: „Do you want a doggy bag?" Mien Fründin nickköpp. Wat weer dat denn, 'n Büdel för'n Hund? Sowat harr ik noch nie nich höört. Hüüt is dat ok bi uns gang un gäbe.

Se hebbt mi denn de poor Daag, de ik Tiet harr, de wunnerschöön Stadt wiest: den Broadway, de Music-Hall in all ehr Pracht, den Hudson-River un de Freiheitsstatue – eenfach allens, wat interessant un wichtig weer. Nicht to vergeten den „Plattdüütschen Vereen" mit sien riek Leven – en

Stück Heimat för de Utwannerers – över all de Grenzen weg.

Ik bün jümmers wedder torüchkamen. Heff dat sogor henkregen, dat ik för uns Firma en Vertretung opbuun dörv, wat ok glücken dee. En junge Deern, Liza, hett mi holpen. Wenn uns wat besunners glückt weer, sünd wi in den Heven föhrt, as wi jümmers säen. Rop in dat Himmels-Café in't World-Trade-Center, ganz na baben. Höger güng dat nich!

Un nu? Is dat nich mehr dor. Ik kunn dat gor nich faten un begriepen, as dat an'n 11. September 2001 blots noch Gruus weer. Liza reep mi an un wi hebbt an't Telefon weent. Wo faken heff ik dor stahn, heff in de Luft keken. Wo gewaltig! Wo is de Heven? Minschenwark …

Wo faken bün ik in de lütt St. Patrick's Cathedral ween, heff mi dor verpuust un heff dor för John F. Kennedy beedt. Later, as sien Broder Robert dor opbahrt ween is, heff ik ok för em mien Gebeden spraken.

Ik heff dat jümmers inricht, dat ik de Stadt op mien Rüchtour in den Wiehnachtsmaand besöken kunn. Noch mehr Leven, noch mehr Gebruus …

Dat Rockefeller-Center weer een eenzig groot Iesbahn. Rundümto hoge Dannenbööm, man eenmal kitschig, man eenmal smuck!! Musik dröhn di de Ohrn vull, de Minschen dreihn sik as Brummküsels. En Högen leeg in de Luft. Jedeen snackt mit jedeen – över all Grenzen weg! … Un ik dor merrn mang!

Mien New York, mien Stadt. Ik mutt dor wedder hen.

De Stadt, de Minschen, dat Wogen un Rennen, dat Lachen un Wenen – eenfach allens röppt mi to:

„Kaam wedder – keeneen Grenz höllt di torüch!"

Andrea Jeska

maitag am schlagbaum

There is a silence where hath been no sound. (Thomas Hood)

Der himmel bleibt davor dahinter fressen schlammbraune
zikaden ihres
und der anderen gleichen, wer heute auf welcher seite für
welchen grund geopfert wird steht eines tages vielleicht
in den
büchern. ach ja, mal wieder
ein maientag da drängt die schwüle die menschen zu dingen
gleich
hinter dem schlagbaum liegt einer ist besoffen oder auch
tot die ziege
starb wohl schon gestern seither fressen die krähen aus
ihrem hohlen
bauch. die händlerinnen tragen limonade von zitronen
über den
schlagbaum schwingt der soldat aus bangladesch blauhelm
und
heimweh. auf der gegenspur rollt der toyota-konvoi
der befreiten sie
jubeln der heimat entgegen und letztes mal sagt mit
unterton die
grenzpolizistin reisten sie noch als künstlerin ein sie
sind wohl
flexibel. keinesfalls sag ich mit bissigem mut diese
grenze verlange
nach der kunst des lebens
und zahl gleich den preis: visum verweigert. am
abend werfen sie den
betrunkenen und was die krähen von der ziege ließen
auf einen wagen

da sitz ich mit bier in den gärten von gisenyi und saufe
mir meine
kongolesische sehnsucht schön.

grenze mit kindersoldat (Ostkongo)
wie kann sag ich empört zu dem kind dieser weg
gesperrt sein hier mitten im land das kind
hat seine augen eingebrannt ins hirsebier sagt
es sei hier der wachsoldat. dazu hebt es den lauf der uzi
25 schuss. wir sind die befreier! keine weiterfahrt
am straßenrand wächst farn im überfluss im kegel
der vulkane fangen sich schleier aus niedrigen wolken
und dunst. es hat eine holzlatte mit nägeln über die
fahrbahn gelegt
zweihundert dollar für den freien weg halt lieber den mund
sagt der fahrer in mein murren und general! ruft er zu
dem kind
wie wärs mit essen dir muss der magen knurren hat man
in dieser öde vergessen wie hungrig soldaten sind.
nimm hier das halbe brot und
auch von dem cassava. gierig schlingt das kind. und sagt mit
vollem mund
für einhundert dollar könnten wir fahren nur aus dem
grund es kenne den fahrer er sei
wie es selbst aus masisi. die mutter des fahrers vater
verwandt nun lachen
die beiden schüttelt eine hand die andere sagt das kind
fünf scheine, cassava und
das brot zur gänze dann würde es seine grenze von der
fahrbahn nehmen
und gäbe uns bis zum nächsten posten mit seiner uzi geleit
so fahren
wir durch das neue totenreich mit einem kind hinten
im wagen.

Charlotte Kliemann

Hira und Leander

Nacht füllte noch die Straßen von Skopje, frostige Nacht. Laternen stießen gelbes Licht auf das Pflaster hinunter. Leander lief leicht gebeugt, mit jedem Schritt tauchte er in die graue Wolke seines Atems ein. Lichtkegel für Lichtkegel ließ er hinter sich. Mal folgte ihm das Klappen seiner Stiefel und trieb ihn voran, mal war es vor ihm und lockte ihn weiter. Er verlagerte das Gewicht seines Beutels auf die rechte Schulter, ohne seinen Gang zu verlangsamen. Xenia hatte ihn nicht gehen lassen wollen. Als er seine Sachen packte, hatte sie sich dazwischengeworfen. Als ob er in den Krieg zöge. Er reckte den linken Arm, bis die Uhr frei lag. Noch zehn Minuten. Wenn er das Lauftempo hielt, würde er pünktlich am Treffpunkt sein. Der Bus wartete schon mit laufendem Motor. Leander ging an den Sitzreihen entlang und begrüßte die Kameraden mit Handschlag. Er verstaute seinen Sack und ließ sich auf den nächsten freien Platz fallen. Sie fuhren durch die allmählich erwachende Stadt. Über dem Vodno im Süden zerliefen rote Streifen am noch dunklen Himmel, und eine Zeit lang begleitete das weiß strahlende Millenniumskreuz auf dem Gipfel die Männer in ihrem Bus. Leander konnte den Blick nicht abwenden von dem mächtigen Kreuz, das dort oben in der Ferne wie beschützend seine Arme über der Stadt ausbreitete. Und zum ersten Mal, seitdem er sich zum Grenzschutz gemeldet hatte, spürte er Zweifel. Vielleicht war es auch Trauer, die Stadt zu verlassen. Dann rollte der Bus über die Autobahn *Alexander von Mazedonien* nach Süden. Leander lehnte sich in seinem Sitz zurück und schloss die Augen. Eigentlich war Xenia der Grund für diesen Schritt gewesen. Natürlich – er war auch überzeugt, etwas Notwendiges zu tun. Mazedonien war sein Heimatland. Es war kein reiches Land, aber im Großen und Ganzen war er zufrieden mit seiner Situation. Doch noch gab es viel Arbeit. Wie sollten sie da diese endlosen Ströme von Flüchtlingen verkraften? Und hatte er als Polizist nicht gelernt, Verantwortung zu übernehmen, Verantwortung für die Allgemeinheit? Aber es war Xenias Drängen, das den Ausschlag gegeben hatte. Seit Wochen bestürmte sie ihn: Heiraten wollte sie. Ein Kind haben. Mein Gott, er war vierundzwanzig und sie neunzehn. Die ganze Welt stand ihnen offen, und sie lebten im Jahr 2016 und nicht im Mittelalter. Es war gut, dass sie einmal Abstand voneinander gewannen … Als der Bus abbremste, wachte Leander auf. Er rieb sich die Augen. Der Morgen lastete graublau über dem Kožuf-Gebirge, die Hügel davor duckten sich in das karge Gelände wie vor einer nahenden Gefahr. Vor ihnen lag der Grenzübergang nach Griechenland. Sie bogen vor den Schlagbäumen ab nach Gevgelija. Dort, in dem mazedonischen Grenzort, lief alles militärisch exakt ab: Eine kurze Begrüßung durch den Kommandeur, Einteilung zum Dienst und sofortiger Einsatz am Bahnübergang. Hier, am Grenzzaun um das Tor herum, wurde dringend Verstärkung gebraucht. Immer wieder ballten sich in dem Lager jenseits des Zauns Gruppen von Flüchtlingen zusammen und rannten gegen die Absperrung an. Sie trugen weinende Kinder auf ihren Armen und warfen sich gegen die Gitter, als läge ihre Rettung im Fallen des Tores. Leander sah ihre Verzweiflung und ihre Wut. Und deshalb war er hier: Um diese Grenze zu sichern.

Ein Wagen wich mit heulendem Motor herabgestürzten Hauswänden aus. Er holperte über Trümmer und quälte sich zwischen grauen Ruinen entlang durch den Staub in Aleppos Straßen. Hira hörte ihn kommen. Sie betete, er möge an ihrem Haus vorüberfahren, weiterrumpeln, nur nicht hier halten. Doch ihr Gebet wurde nicht erhört. Und mit dem Augenblick, als ihr Nadims Leichnam auf das Bett gelegt wurde, stand ihr Entschluss fest. Auch die Eltern konnten sie nicht von ihrem Vorhaben abbringen: Jetzt, da Nadim tot sei, habe sie wieder dem Vater zu gehorchen. Aber Hira gehorchte nur noch ihrer inneren Stimme. Mit ihren Gedanken und ihrer Seele war sie schon unterwegs. Hatte der Bruder nicht immer wieder aus Deutschland angerufen und sie aufgefordert, nachzukommen, Syrien zu verlassen? Hatte sie nicht mit Nadim seit Jahren, seit dieser Krieg über sie hinwegfegte, jede Lira, auf die sie verzichten konnten, zurückgelegt? Zurückgelegt, um eines Tages, vielleicht in Europa, einen neuen Anfang zu wagen? Jetzt ging es um Adna. Adna hatte ihr ganzes Leben noch vor sich, sie sollte heraus aus dieser Hölle. Hira schloss sich den anderen an, die nach dem letzten Angriff aufgebrochen waren. Und es war Adna, die sie in einem Tuch auf ihrem Rücken trug, die ihr die Kraft gab, nicht aufzugeben. Es war Adna, für die sie das Lager an der türkischen Grenze erduldete, bis sie jemanden gefunden hatte, der sie hinüberbrachte. Es war Adna, für die sie kaum noch Milch hatte, die sie durch die Türkei vorantrieb, auch wenn sie meinte, vor Erschöpfung keinen Schritt mehr gehen zu können, auch wenn sie in den Zügen aus Angst vor einer Kontrolle kaum zu atmen wagte. Und es war das Weinen ihrer kleinen Tochter, das ihr den Mut gab, eines Nachts in das wabernde Schlauchboot zu steigen, um nach Griechenland überzusetzen. Im Februar erreichte Hira das Lager bei Idomeni. Helfer kümmerten sich um sie. Ein kleines Zelt wurde aufgestellt, sie bekam eine Decke, und Adnas wunde Haut wurde versorgt. Hira zeigte ihre Papiere vor, aber niemand konnte ihr sagen, wie es weiterginge. Warten, wurde ihr mitgeteilt, sie müsse warten. Und Hira wartete. Tag für Tag wartete sie. Und Stunde um Stunde wartete sie: für ein kleines Brot, für ein bisschen Brei, für eine Flasche Wasser. Stunde um Stunde wartete sie in der Schlange vor den Toiletten. Und Nacht für Nacht, während der Regen unentwegt über das Zeltdach raschelte und die Kälte lauernd um ihren Körper schlich, wartete sie auf den ersten Schein des Morgens. Wenn sie dann unter Adnas gleichmäßigen Atemzügen doch noch ein wenig Schlaf fand, träumte sie. Jeden Morgen träumte sie den gleichen Traum. Jeden Morgen stand Nadim vor ihr. Er nahm Abschied, er wollte kämpfen, gegen Assads Truppen und gegen den Islamischen Staat. Und jeden Morgen sagte er: Hab Vertrauen. Allah wird es nicht zulassen, dass mir etwas zustößt. Allah hat mir ein langes Leben versprochen, er weiß, dass ihr mich braucht. Sie erwachte weinend aus diesem Traum. Und als eines Morgens der Regen durch die Plane auf ihr Gesicht tropfte und sich mit den Tränen mischte, faltete sie ihr Kopftuch zusammen und schob es in ihr Bündel. Sie stand draußen vor dem Zelt und hielt ihre Tochter auf dem Arm und schüttelte die Nässe aus ihrem Haar. Aber sie schlug die Augen nieder vor den erschrockenen Mienen ihrer Nachbarn.

Tag für Tag patrouillierte Leander vorbei an Händen, die die Metallmaschen umklammerten. Vorbei an dem Lager auf der anderen Seite mit den kleinen bunten Zelten, in denen Babys schreiend sich in der Kälte auf einem Stück Pappe wanden und vor denen Frauen im Schlamm hockten, die Gesichter in den Händen vergraben, und Männer beisammen standen, wortkarg und mit hängenden Köpfen. Tag für Tag schritt er den Zaun ab, wachsam und gleichmütig zugleich. Eines Tages spürte er, dass sein Blick immer wieder hängen blieb, während seine Schritte ihn schon weitergetragen hatten. Und als auch seine Füße plötzlich haltmachten, ohne dass er ihnen einen Befehl dazu gegeben hatte, stand er einer jungen Frau gegenüber. Sie wartete hinter dem Gitter, sie trug einen Säugling, und sie senkte sofort den Blick. Traurige Augen hatte sie, so viel hatte Leander noch wahrgenommen. Und da die Frau nicht zu ihm aufsah, betrachtete er sie, ihr schmales Gesicht, wie verloren in dem kräftigen dunklen Haar, und den Mund. Ein Mund voller Sehnsucht, mit einer trotzigen Wehmut in den Mundwinkeln. Jeden Tag harrte die Frau hinter dem Zaun aus, abseits von den anderen, und jedes Mal gehorchte

Leander seinen Füßen, die vor ihr stehen blieben. Schließlich konnte er es kaum erwarten, dass sein Dienst begann, dass er sie ansehen konnte. Er war vor dem Zaun, sie auf der anderen Seite, und er sehnte sich danach, sie zu trösten, ihre Lippen, ihre Augen, ihr Haar, aus dem das Regenwasser troff, während sie nur kurze Blicke, wie das Zucken von Blitzen, zu ihm herüberwarf. Vielleicht war es der nicht enden wollende Regen, in dem sie sich täglich gegenüberstanden, der ihn ermutigte: Er sprach sie an. Er stützte die Schulter an das Metallgitter des Zauns, und durch die Maschen hindurch fragte er nach ihrem Namen. Your name?, fragte er. Hira, sagte sie leise. Und sie hielt ihm das Baby hin: Adna. Er näherte sein Gesicht dem Zaun: Leander. Die Frau kehrte sich von ihm ab. Er wollte sie festhalten, schnell fragte er, wie alt Adna sei. Sie wendete sich ihm wieder zu. Sechs Monate, antwortete sie, und sie blickte zu ihm auf, dankbar, vielleicht auch interessiert. Er fragte, ob sie etwas brauche. Sie zuckte die Schultern: Sie wolle weiter, hinüber über diese Grenze und dann nach Deutschland, zu ihrem Bruder. Er blickte hinter sich, und hilflos sah er wieder zu ihr hinüber. Ob sie allein sei, fragte er. Sie nickte, und sie begann von Nadim zu erzählen. Und plötzlich erzählte sie, ohne innezuhalten, als hätten die Wochen der Flucht nur dieses eine Ziel gehabt, hier an dem Zaun, an dem es nicht weiterging, einem Polizisten mit dem Namen Leander, auf der anderen Seite, von Nadim zu erzählen. Und während sie redete, ließ sie mit jedem Wort ein Stück mehr von Nadim hinter sich und von den Eltern und von Syrien. Sie öffnete sich einem neuen Leben, jenseits dieser Grenze.

Nur die Grenze blieb geschlossen. Auch wenn Leander ihr immer wieder durch den Zaun, der sie trennte, versprach, sich für sie einzusetzen. Doch nur einmal hatte er es bei dem Kommandeur versucht und hatte sofort abtreten müssen: Keine Kontakte zu den Flüchtlingen. Von da an wechselten Hira und Leander nur noch verstohlen einige Worte miteinander, während er seine Stiefel neu schnürte oder Masche für Masche die Festigkeit des Gitters überprüfte. Und so, wie nebenbei, fragte er sie, ob sie mit Adna zu ihm nach Skopje kommen würde. Er wagte nicht, sie anzusehen, aber er hörte ihre Antwort. Ja, sagte sie. Ja, hatte sie gesagt, und Leander fand in der Nacht keinen Schlaf. Wie? Wie sollten sie diese Grenze überwinden? Noch bevor am nächsten Tag sein Dienst begann, wurden alle Grenzpolizisten in Alarmbereitschaft versetzt: Hunderte von Flüchtlingen seien aufgebrochen, suchten einen Übergang am Ende des Zauns. Sie hätten den Suva Reka durchquert, mit seinem Hochwasser, seiner starken Strömung und dem im März eiskalten Wasser. Tote hätte es gegeben, Ertrunkene. Leander stürzte zur Grenze. Hiras Platz war leer. Er hastete hin und her, er verkrallte die Finger in den Metallmaschen, er fragte die Flüchtlinge. Niemand wusste, wo sie war, niemand hatte sie gesehen. Er schrie durch das Gitter. Hira, schrie er. Hira, brüllte er über die schmutzigen nassen Zelte und über die durch den Schlamm watenden Menschen, und er rannte den Zaun auf und ab und suchte verzweifelt nach einem Spalt, einer Lücke zur anderen Seite.

Thomas Klugkist

An der Pforte

Klaus Völker geht langsam. Es gibt immer Treiber und Getriebene, und nur die Getriebenen haben es eilig. Er geht langsam, ohne sich umzusehen, er kennt den Weg, nichts lenkt ihn ab. Er geht auf der Mitte des breiten, noch regenfeuchten Bürgersteiges, rollt bei mäßig ausholenden Schritten den ganzen Fuß ab und lässt den rechten Arm pendeln, unter dem linken trägt er einen schmalen Aktendeckel. Wer ihn sieht, soll wissen, dass er weder Kraft noch Material verschwendet, alles Wesentliche im Kopf. Er blickt geradeaus, lächelt zurückhaltend, blinzelt fast gar nicht. Er biegt nach rechts ab, ein paar Schritte, dann die Freitreppe hinauf, die hohen Flügeltüren öffnen sich rechtzeitig, er hält den Rhythmus auch beim Betreten der Vorhalle und auf den Stufen hinauf zur Pförtnerloge.

Christian Manig, Philosophiestudent im sechsten Semester, der sich nach einer einsam durchdachten Nacht vom aufkommenden Leben fast gestört fühlt, hat den dunklen, etwas gedrungenen Mann längst wahrgenommen und fragt sich, wann der wohl seinen Transponder hervorholt. Er beobachtet, wie er an der Säule mit dem Lesegerät und an der Pförtnerloge vorbeigeht, direkt zum Drehkreuz, wie er ihm aufmunternd zulächelt, leicht vorgelehnt und mit verspannten Lippen auf die Freigabe wartet. Einen Moment lang überlegt Manig, ob er die Sperre lösen soll, aber das Verhalten des Mannes reizt ihn und gibt ihm das Gefühl, nur eine Randerscheinung zu sein, er schiebt seinen Studienband beiseite, drückt auf den Knopf für das Mikro, beugt sich mit geradem Rücken vor und fragt elektronisch: „Sie wünschen?“

Völker stockt, lächelt noch einmal, schon etwas künstlich, ohne die Hand vom Drehkreuz zu nehmen.

„Was ich wünsche? Ich wünsche, das Gebäude zu betreten.“

„Sind Sie Mitarbeiter?“, fragt Manig nicht nur etwas förmlich, sondern auch ungeschickt, wie er sofort selbst begreift, wieder mit geradem Rücken und vorgelehnt, ein schlanker Sitzriese, den langen Finger auf dem Knopf.

Völker nimmt die Hand vom Gestänge, verzieht sein Lächeln in Manigs Richtung, wie bei einem leichten Zahnschmerz, und kneift die Augen um einen Millimeter zusammen.

„Mitarbeiter? Wie man’s nimmt. Ich bin der Vorstandsvorsitzende dieses Verlages“, sagt er.

Manig durchfährt es heiß, aber er ist zu weit gegangen, um jetzt einzuknicken.

„Dann haben Sie ja sicher einen Transponder?“, fragt er und hält den Blick.

„Natürlich …“

„Dann wäre ich Ihnen dankbar, wenn Sie ihn auch benutzen könnten. Ich bin beauftragt, dieses Gebäude zu bewachen und keinen Unbefugten einzulassen.“

„Junger Mann …“, sagt Völker in etwas schnarrendem, dabei beruhigendem Bass, richtet sich jetzt ganz auf und wendet sich dem langhaarigen Blonden auch mit dem Oberkörper zu.

„Wie heißen Sie?“

„Manig.“

„Sie sind neu hier?“

„Ja, von der Wachgesellschaft.“

„Gut, Sie können das nicht wissen. Aber ich sage es Ihnen, es ist ganz einfach, jeder versteht das: Ich benutze nie den Transponder. Ich muss das nicht.“

Manig ist jetzt überzeugt, tatsächlich den Vorstandsvorsitzenden vor sich zu haben, und er ist drauf und dran, ihn einfach auf Treu und Glauben durchzulassen. Aber wieder reizt ihn etwas in seinem Verhalten, nicht das Rohe, sondern eher das Samtige, aufgesetzt Väterliche, beklemmend

Verbindliche. Außerdem hat er noch nie einen Teufel, der ihn freundlicherweise reitet, einfach abgeworfen.

„Ich will Ihnen ja gern glauben", sagt er darum. „Aber das genügt leider nicht. Ich darf Sie so nicht in das Gebäude lassen."

Völker schließt kurz die Lippen, in seinen Augenschlitzen blitzt es.

„Lieber Herr Manig", versucht er es noch einmal im Guten, „ich bin ja immer für einen kleinen Spaß und auch für jede sportliche Herausforderung zu haben. Aber dieses Unternehmen kann sich unser Spielchen nicht länger leisten. Ich schlage darum vor, dass Sie jetzt einfach Ihren Knopf drücken. Und zwar den für die Sperre."

„Wäre es nicht ebenso einfach, wenn Sie Ihren Transponder an das Lesegerät hielten? Ich mache gern jede Ausnahme für Sie – sobald das Lesegerät seinen Kontrollton … – Aber … – Aber hören Sie! Sie können doch nicht …!"

Und fast im selben Moment, da Völker in seinem Anzug kraftvoll über das Gestänge steigt, ist auch Manig schon aufgesprungen, er reißt die Tür auf, rennt um die Loge herum und dem unglaublichen Menschen hinterher. Kurz vor den Treppen überholt er ihn und stellt sich ihm in den Weg, mit gut vier oder fünf Metern Abstand – was aber trotzdem nicht reicht und ein Fehler ist, wie er sofort begreift. Denn Völker hat sein normales Tempo längst wieder aufgenommen und geht stur geradeaus, mit zusammengekniffenem linken Auge, leicht angehobener linker Oberlippe, einer Hand in der Hosentasche und offensichtlich angespannter Brust. Manig zweifelt keinen Moment, dass Völker ihn zur Seite rammen wird, wenn er da stehen bleibt, die Distanz schwindet einfach und ist schon fast nicht mehr existent, er weicht zurück, stolpert über die unterste Stufe der Treppe, fällt aufs Steißbein, dann auf den Ellenbogen, und starrt Völker hinterher, der mit genau abgezirkelten Bewegungen, immer noch eine Hand lässig in der Tasche, seinen Weg nach oben fortsetzt.

Könnte er jetzt einen Blick in Völkers Innenleben werfen, er würde sich wundern. Er würde keine Tabellen und Charts und Strategiepapiere zu sehen bekommen. Keine Villa, kein teures Auto, keine Meetings von Menschen in Anzügen, Kostümen und eleganten Schuhen. Stattdessen würde direkt vor seinen Augen ein schwerer Backsteinbau vom Ende des 19. Jahrhunderts aus dem Nebel tauchen und mitten darin der kleine Klaus, wie er durchs Gedrängel auf den Fluren, auf den Treppen, über den Schulhof rennt, an der Spitze einer kleinen Bande aus rund einem Dutzend Jungen, von denen er jeden einzelnen im Kampf besiegt hat. Sie stoßen im Lauf andere Schüler beiseite, werfen abwechselnd einen Tennisball an die Mauer des Schulgebäudes, Klaus am höchsten, bis über die Fenster des dritten Stocks. Sie springen hinter der Turnhalle von einem Betonquader, einem alten Bunker, in die Sandgrube, sie haben Spaß, und als sie gehen wollen, hält sie ein Junge, den sie „Stinker" nennen, breitbeinig auf. Kräftig und hochgewachsen tritt er dem kleinen Klaus, dem Letztverantwortlichen für einen monatelangen Spießrutenlauf, mit rotem Kopf und schwitzend in den Weg, er schubst ihn, bis er fällt, die beiden gehen aufeinander los, und der breite und kräftige Klaus steht kurz davor, den anderen herumzuwerfen und auf den Boden zu drücken. Doch er glitscht immer wieder an der Nässe ab, an Muskeln wie nackten Organen, sie umarmen sich im Würgen, es fehlt ihm an der letzten Entschlossenheit zur Nähe, die ein Schwitzkasten nun einmal verlangt, und schließlich setzt ihm der Blonde, in dem viel Wut angestaut ist, viel Ohnmacht und Bedürfnis nach Wiedergutmachung, rammt ihm der rasende Stinker, kaum dass er sich freigezerrt hat, einen Schlag in die Magengrube, der alles anhält. Der kleine Klaus sackt zusammen, er kann weder ein- noch ausatmen, kippt auf die Seite und verliert alle Farbe, die anderen Jungen, die bis eben geschrien und ihn angefeuert haben, verstummen, keiner weiß, was jetzt zu tun ist, keiner will schuld sein und dafür einstehen, das

Pausenklingeln ertönt, alle rennen auseinander, und nach wenigen Augenblicken liegt er allein in der Sandgrube und wartet mit schwindenden Sinnen, dass es vorbeigeht.

Doch weil Manig nur Klaus Völkers ausgewachsenen Körper beobachtet und das einstudierte Pendeln des Armes auf dem Weg nach oben, den tadellos sitzenden Anzug und die grau melierten Schläfen, sieht er keinen Backstein von der Lübecker Grundschule, nicht den Sand und nicht das Erbrochene darin, sieht er nur oben auf dem Treppenabsatz das Funkeln in den Augenwinkeln und hört in etwas schnarrendem, hallendem Bass: „Lieber Herr Manig, Sie haben sich vorbildlich verhalten, meinen Respekt. Aber die Welt ist nicht gerecht, sie belohnt einen nicht für brave Dummheiten. Wenn Sie in einer Viertelstunde noch im Haus sind, lasse ich Sie hinauswerfen."

Und weil Manig darauf nichts mehr einfällt, sind das die letzten Worte, die zwischen ihnen gesprochen werden.

Rita König

Alter Tag begrenzt

Am Morgen fliegen die Schwalben Loopings zwischen den alten Häusern, steigen auf und tollen herum wie übermütige Kinder. Unten wuchert das Gras um den Sandkasten herum. Der Rasenmäher, der alle acht Wochen versucht, der Wiese ein ordentliches Aussehen zu verpassen, stört sich an den morschen Brettern. Nur die Spatzen, unzählige seit ein paar Wochen, buddeln unermüdlich, wie Kinder, Löcher in den von Regen und Wind geglätteten Sand und baden darin.

Einige der Leute, die in diesem Karree wohnen, sind hier geboren. Sie haben den Krieg und sogar die Rekonstruktion unbeschadet überstanden. Der Gang zur Toilette eine Treppe tiefer sei nichts gewesen, sagen sie, gegen den Staub während des Umbaus. Gegen den Lärm fräsender Maschinen, die Wände aufschlitzten, um die Leitungen unter Putz zu legen. Gegen das Hämmern und Knirschen, um aus den ehemaligen Speisekammern Innenklos samt Duschkabinen zu zaubern. Um neue Fenster einzusetzen und eine versicherungstechnisch akzeptable Haustür, die sie dennoch jeden Abend abschließen. Schön ist es geworden, sagen sie unisono, wenn sie sich unter den altertümlichen Wäschestangen neben dem verwaisten Sandkasten begegnen, und reden so laut, dass es im Karree widerhallt.

„**L**ieselotte war schon seit Tagen nicht mehr draußen, sie wird doch nicht …?“

„Nein, nein. Sie ist mit der Tochter weggefahren, ich habe es gesehen.“

Das Sehen funktioniert besser als das Hören. Nur zum Umblättern der Seiten in der obligatorischen Fernsehzeitung werden Brillen benutzt, oder um ein Kreuzworträtsel zu lösen. Sticken, stricken, Socken stopfen, all das findet nicht mehr statt, kaum, dass einmal ein Knopf angenäht wird. Die Kinder sortieren die Wäsche, wenn sie auf einen Kurzbesuch vorbeifliegen, wie die Schwalben, aber auch im Winter. Sie nehmen die durchscheinenden, farbblassen, ausgeleierten oder durchgescheuerten Kleidungsstücke mit oder werfen sie gleich in die Mülltonne. Sie schleppen fabrikneu verpackte Schürzen und Schlüpfer im Zehnerpack an und legen sie stattdessen in die immer viel zu großen Kleiderschränke, die neben dem Doppelbett aus Jahrzehnte altem, knarrendem Holz im Schlafzimmer stehen. Sie bringen Steppdecken mit, die leichter wiegen als ein Federkissen und trotzdem wärmen, aber die meisten benutzen sie höchstens als Unterbett. Die alten Frauen legen sich unter die dicke Decke aus Gänsefedern, schlagen sie morgens auf, manchmal sogar mit dem Teppichklopfer, der an einem Nagel am Kleiderschrank hängt, und wuchten sie auf das breite Fensterbrett, den halben Tag lang. Wenn sie die Zudecke hereinholen oder abends die schweren Vorhänge zuziehen, schauen sie aus dem Fenster zu den Häusern auf der anderen Straßenseite, die kleiner sind und längst nicht alle rekonstruiert, auf die Vorgärten und die dicken Linden, unter denen früher die Maikäfer schwirrten, wochenlang. Nur einen kurzen Blick werfen sie auf die Fahrbahn, die immer noch mit Katzenköpfen versehen ist, und über die alte und neue Autos brausen und rumpeln und holpern, aber kaum noch Radfahrer.

Am Vormittag streichen sie das ausgelüftete Federbett so glatt, als käme jemand, diese militärisch anmutende Ordnung zu kontrollieren. Abends, lange vor dem Zubettgehen, schlagen sie es auf, dann, wenn sie den Fensterflügel angekippt und die Vorhänge zugezogen haben.

Trottoir, sagen sie, nicht Gehweg. Gute Stube, sagen sie, obwohl sie nun oft darin sitzen und den Stimmen aus dem Fernseher lauschen, nicht nur an Sonntagen. Waschküche sagen sie, obwohl in dem Kellerraum der Bottich zum Abkochen einem Podest gewichen ist, auf dem moderne Waschmaschinen stehen und sogar ein Trockner. Sie berichten vom Kohlenschippen, vor dem Krieg, im Krieg und bis zur Rekonstruktion, und verweisen auf die ausgebesserte Stelle in der Stube, an der ein Kachelofen stand. Die Dielen sind heller in dieser Ecke, gescheuert, selbstverständlich, aber nicht mehr mit rotbraunem Bohnerwachs eingerieben. Das Bad ist gefliest. Küche und Flur sind mit Linoleum ausgelegt, dielenähnlichem, salz- und pfefferfarbenem oder welchem in modernem Muster; das wird geschrubbt, nicht nur gemobt oder gewischt, als könnte man alles Gesprenkelte damit wegrubbeln.

Zum Frühstück essen sie ein Brötchen vom Bäcker oder welche aus der Kaufhalle, die ist nicht so weit entfernt. Ein einzelnes Ei kochen sie, stellen es in den Plastebecher, der aussieht wie ein Hahn, nehmen immer den blauen. Sie streichen die Butter dick unter Erdbeermarmelade oder Pflaumenmus, selbst eingekocht, mit sehr viel Zucker. Den Honig kaufen sie seit Jahrzehnten beim Imker in der angrenzenden Siedlung; sie süßen damit eine Tasse heißer Milch, an Abenden, an denen das Einschlafen schwerfällt. Oder wenn sie nachts hochschrecken, nach wirren Träumen mit Fetzen aus Kriegs-, Nachkriegs- und Wendejahren. Nur die Vorkriegs- und Aufbauzeiten liegen ihnen nicht schwer im Kopf und nicht im Magen, davon berichten sie gern.

Für das Mittagessen kaufen sie das Fleisch pfundweise, nicht in Gramm oder Kilo. Fleisch ist immer noch etwas Besonderes, und das Geschäft eine Straße weiter gehörte früher zur Tierproduktion. Heute heißt das Agrargenossenschaft. Genossenschaften gab es, solange sie sich erinnern können, auch das Karree, in dem sie wohnen, hat schließlich der Bauverein errichtet. Sie kaufen Hackepeter und würzen ihn nach, obwohl die schwarzen Pfefferkörner deutlich zu sehen sind und kein Salz fehlt.

Ein Sommerfest soll stattfinden, auf dem Hof, zum Jahrestag der Genossenschaftsgründung. Die Frauen stehen zusammen und beratschlagen, wohin man die Tische und Stühle stellen sollte. Dabei fragt sie niemand.

Ruhig wird es auf dem Hof nur über Mittag. Die Hausordnung der einen Zeit ist in die der nächsten übergegangen, manchmal schauen die alten Leute in ein vergilbtes Exemplar statt in das mit den schneeweißen Seiten. Die Geburtstagsfeiern, sofern sie in den Wohnungen stattfinden und nicht – wie neuerdings üblich – in der Gaststätte der Gartensparte gleich nebenan, enden meist vor einundzwanzig Uhr. Einzig fremde Stimmen sind am frühen Nachmittag aus den Wohnungen zu hören, selten ein Plattenspieler oder das Radio, am ehesten noch ein klassisches Sonntagskonzert. An den meisten Tagen dröhnen aus den Farbfernsehern die Streitereien authentisch vermuteter Gerichts-Shows, Arztserien, Autorennen und Heimatfilme. Letztes selten.

Täglich gleichen sich nicht nur die ausgewählten Sendungen, sondern auch die Wochentage und Monate. Wären da nicht die Linden vor dem Haus, die kurzen Röcke und luftigen Sommerkleider oder die Handschuhe und Mützen der wenigen Radfahrer, die Regenschirme oder Stiefel der Passanten. Im Winter, wenn es denn ein richtiger Winter ist, so wie früher, mit viel Schnee, schwatzen die alten Leute mit dem Hausmeister und bedanken sich dafür, dass er für ihr Geld die Arbeit erledigt, die sie früher selbst schafften. Nachdem sie das Feuer im Kachelofen entfacht hatten und bevor sie die Kinder weckten, waren sie mit dem Ascheeimer in der Hand hinuntergeeilt, schoben den Neuschnee vom Trottoir und stumpften mit Kohlengrus ab. Sie hasteten zurück, nach oben, stellten den Kindern den Kakao oder die Milch hin, den Tee oder Muckefuck, und schichteten Briketts auf die glühenden Holzscheite. Mappe, Turnbeutel, Stullenbüchse, sauberes Taschentuch? Sie fragten leise, aber nachdrücklich. Dann guckten sie noch einmal nach den Briketts, schlossen die untere Ofentür, brachten die Kinder zur Schule oder in den Kindergarten und eilten zur Arbeitsstätte.

Das alles ist schon sehr lange her. Nun müssen sie nicht einmal mehr die Treppe wischen; aber sie greifen sich stets ein extra Tuch und fahren damit über das Gitter, wenn sie die Geranien auf dem Fensterbrett im Treppenhaus gießen, die dort vom letzten Herbst überwintert haben. Im Frühjahr werden sie umgetopft, aber zwei oder drei neue Pflanzen werden dennoch beim Gärtner gekauft, jedes Jahr.

Im Sommer drücken die alten Leute schon am frühen Morgen unter den Wäscheleinen den Rücken durch, hängen Unterwäsche und Kissenbezüge auf und bestätigen sich gegenseitig, dass die Wäsche nie wieder so weiß wird wie früher, als sie diese in den gemauerten Bottichen abkochten und mit den Händen auf dem Waschbrett scheuerten. Die Sonne schaut über die Dächer auf den Rasen, auf die Bänke, auf denen die Leute sitzen, sich ausruhen, von früher erzählen, während die Leibchen neben bunten Kittelschürzen trocknen und Bettwäsche nicht mehr gestärkt wird, sondern zur Mangel gebracht, zweimal um die Ecke. Am späten Vormittag haben es plötzlich alle eilig: Das Essen will gekocht und pünktlich auf den Tisch gestellt sein, dabei ist nur selten jemand da, der darauf wartet.

Am späten Nachmittag, wenn die Hitze etwas nachgelassen hat, ja, so ein Sommer ist das, fast wie früher, sitzen sie noch einmal draußen zusammen. Manchmal schmücken sie Erlebnisse ihrer Jugendzeit aus, öfter berichten sie von Kindern und Enkelkindern, und dass etwas aus ihnen geworden ist. Sie zählen die Geburtstagsfeiern auf und wie viele traurige Anlässe das Jahr schon gebracht hat. Dann schweigen sie nebeneinander, schauen in den Himmel zu Meta und Lisbeth und Franz und Wilhelm, sie zählen leise die Namen, es sind viel zu viele. Sie bemerken die Schwalben, die wilde Loopings veranstalten, und wünschen sich mit einem tiefen Seufzer ihre Enkelkinder zu Besuch.

Sie können lange so sitzen, auf den harten Leisten der Bänke, sie ächzen erst, wenn sie sich erheben. Um ein paar Meter zu gehen, zu Klaras ehemaligem Fenster empor zu blicken, hinter dem vor kurzem noch ihre hellblauen Gardinen hingen, oder zu Hedwigs, die den besten Apfelkuchen backen konnte, oder zu dem Wilhelms, der kess die Hüfte schwang, noch im Neunzigsten. Dann seufzen sie noch einmal, ein wenig leiser vielleicht, drehen sich weg und marschieren energisch auf die Wäsche zu, die doch nun bald trocken sein müsste.

Gegen Abend ziehen sich die Wolken am Horizont zusammen. Die Sonne schließt müde die Augen und streicht ihr Federbett glatt.

Klaus Körner

Der blinde Anwalt und sein See

Jedes Mal, wenn der Anwalt in den letzten 33 Jahren zu seinem Häuschen am See gefahren wurde, war das Erste der Gang hinunter zum Ufer. Von März bis Oktober, gleichgültig, ob die Sonne schien oder ob es regnete, er musste hinein in die Fluten, wie er es nannte. Am einfachsten war es natürlich für ihn, wenn einer das Schwimmen weit hinaus auf den See begleitete, die Rolle des Lotsen übernahm und Zeichen gab, denen er folgen konnte.

Selbst, wenn ihm jemand nur die gewohnten Anweisungen vom Ufer aus übers Wasser zurief, mal mehr nach rechts oder mehr nach links, auch dann schwamm er weit auf den See hinaus. Seine Frau, die sein Auge, seine Sekretärin, Chauffeurin, Vorleserin, Köchin und ganz nebenbei auch die Mutter seiner Kinder war, hatte oft diese Schwimmregie vom Ufer aus mit ihm geprobt, denn im Gegensatz zu ihrem Mann fror sie schnell und badete nur bei großer Hitze.

Nach ihrem frühen Tod saß er jedoch in den letzten zehn Jahren oft allein vor seinem Haus und wartete auf einen Menschen, der ihn hinunter zum See begleitete. Er wartete und lauschte dem Wind in den Bäumen. Er unterschied genau den Klang der Blätter von Birke und Eiche. Schien die Sonne, so rückte er ab und an mit seinem Gartenstuhl den wärmenden Strahlen nach, um sie auf der Haut zu spüren.

In den Fünfzigerjahren kamen die Bauern und Fischer des nahegelegenen Dorfes zu Besuch, holten sich rechtlichen Rat und Orientierung, wie sie auf amtliche Schreiben oder Maßnahmen des Arbeiter- und Bauernstaates reagieren sollten. Dann saß man vor dem Häuschen, trank gemeinsam einen Schnaps und sprach über den Behördenkram hinaus über die Ernte, den Fischfang und das Wetter.

Doch längst haben die Dörfler aufgehört, sich der Obrigkeit zu erwehren. Sie wurden in Strukturen eingebunden, die ihnen zwar die meiste Verantwortung für Feld und Stall abnahmen, hingegen aber ein geregeltes Arbeitsleben brachten, das die bäuerliche Tradition des Schuftens von früh bis spät beendete. So war der Rat des Anwaltes nicht mehr gefragt und die Besucher aus dem Dorf blieben aus.

Auch seine Kinder kamen nur noch selten zu ihm an den See, entfernte Wohnorte, Beruf und eigene Familie forderten ihren Tribut. Die väterlichen Erwartungen, wenn er allein auf dem Grundstück wirtschaftete, waren jedes Mal größer, als sie von den Kindern eingelöst werden konnten. Besuchte ihn jedoch einmal eines von ihnen, so wurde ein immer wiederkehrendes Ritual abgespult. Es reichte vom ausführlichen Vorlesen über X-mal-ins-Wasser-Gehen bis hin zu mindestens einer Bootsfahrt. Hatte man das Faltboot zu Wasser gelassen und er sein Paddel in der Hand, so wurde der Anwalt zum Kapitän, der dem Steuermann klare Weisungen gab, welche Route die Tour nehmen sollte. Da er die Wasserkarte im Kopf hatte, fand das Boot stets die richtige Furt, um vom kleinen in den großen See zu gelangen. Er lotste seinen Mitfahrer in die mit Schilf fast zugewachsenen Mündungen des Lieberoser Fließes oder der Alten Spree, Mündungen, die von Jahr zu Jahr mehr den Augen so gut wie verborgen blieben.

Ungeachtet der Bereitschaft manch mitpaddelnder Insassen war dem Anwalt keine Tour zu weit. Das Versprechen, brütende Wasservögel, tanzende Libellen oder blühende Seerosen entdecken zu können, machte aus einer harmlosen Spritztour oft eine stundenlange Wasserwanderung. Seine Kinder kannten natürlich diese Leidenschaft, aber manch anderer Mitfahrer wurde damit überrascht.

Seit die Behörden Anfang der Achtzigerjahre sein Büro in der Stadt geschlossen hatten, wurde das Häuschen am See zu seinem liebsten Aufenthaltsort, auch wenn er dadurch in Kauf nehmen musste, noch öfter allein zu sein. Die Aufgabe, um das Recht anderer Menschen zu kämpfen, hatte sein Leben ausgefüllt. Sein Scharfsinn und seine überzeugende Rhetorik hatten ihn schon bald zu einem gesuchten Verteidiger gemacht. Seine Mandanten, Richter und Staatsanwälte konnten sich darauf verlassen, dass er die Akten im Kopf hatte. Sein unerschrockenes inneres Mandat ließ ihn nicht nur heikle politische Prozesse übernehmen, sondern er machte auch dem Regierungsbeauftragten Vogel das Monopol streitig, sich anwaltlich um Familienzusammenführungen von Ost nach West zu kümmern. Das jedoch führte letztlich zur Schließung seiner Kanzlei. Seitdem war in sein Leben eine gewisse Leere getreten.

Zu dieser Zeit begannen auch am See die ersten Schikanen. Dass in den Sommermonaten ein Betriebsferienlager der Post seine Badestelle mit Beschlag belegte, nahm der Anwalt noch mit Humor. Wenn am Vormittag und am Nachmittag die lärmende Kinderschar eintraf, stellte er nicht ohne Sarkasmus fest, die „Briefmarken“ kommen. Als dann sein Nachbar, das Ferienheim des „Ministeriums des Innern“, in seiner Abwesenheit und ohne seine Genehmigung auf dem Grundstück mehrere Birken fällen ließ, war es mit seiner Geduld vorbei. Weitere Übergriffe folgten. Nach Gutsherrenart unterbreiteten ihm die Mächtigen von nebenan ein Kaufangebot, um ihn, den unliebsamen Nachbarn, zu vertreiben. Was ihm blieb, war nur ein kategorisches „Nein“ und seine ohnmächtige Provokation. Er stellte ein großes japanisches Kofferradio an den Zaun, und mit voller Lautstärke ließ er erschallen: „Hier ist RIAS-Berlin, eine freie Stimme der freien Welt!“ Erstaunlicherweise erfolgte darauf nichts. Vielleicht hatte er schon „Narrenfreiheit“. Sollte er auch noch dieses Stück Vertrautheit aufgeben, die dunklen Rufe der Rohrdommeln in der Morgendämmerung und das Läuten der Abendglocken über dem See, das Wasser, die Sonne und den Wind?

Viele Jahre hatte er immer wieder nach Menschen gesucht, die ihm vor allem in den Wintermonaten Gesellschaft leisteten, ihm vorlasen oder mit ihm ein Stück spazieren gingen. Natürlich traf er auch immer wieder solche Menschen, die ihn bewunderten und bedauerten, die ein Stück Weges mit ihm gingen, sich aber auf Dauer seinen Vereinnahmungen wieder entzogen. Denn gerade in der Stadtwohnung fühlte er sich zunehmend eingesperrt. So verfiel der Anwalt in seinem Alleinsein mehr und mehr dem Wein und den Zigarren. Ein Apotheker in seiner Nähe, der ihm stets die verschriebenen Medikamente bringen ließ, schickte ihm eines Tages eine seiner jungen Assistentinnen. Schon bei ihrem ersten Gespräch eröffnete sie dem Anwalt, er sei doch Rentner und würde sicher nach einer gewissen Wartezeit mit seiner Ehefrau nach dem Westen ausreisen dürfen. Ihr Chef habe erzählt, dass er als Rechtsanwalt große Probleme mit der DDR habe, von der sie als Katholikin auch nur Schlechtes denken könne. Pro forma sei sie bereit, ihn zu heiraten, um mit ihm nach dem Westen „zu machen".

Die Idee der jungen Frau bot ihm auf einmal eine neue Perspektive, eine Flucht aus seiner Einsamkeit. Hatten ihn auch in den letzten Jahren als Invalidenrentner einige Reisen in den Westen geführt, zu den Verwandten seiner verstorbenen Frau, die aus dem Rheinland stammte. Doch in der Abhängigkeit von Schwägerin, Schwager oder Großcousin fühlte er schnell, dass er ihnen eigentlich lästig war. Er teilte nicht ihr Wohlstandsdenken, war erschrocken wie apolitisch und uninformiert sie waren. Ihre erlangte gesellschaftliche Stellung, ihr angehäufter Besitz sollten beweisen, dass sie es im Westen geschafft hatten, und die in der Ostzone zurückgeblieben seien.

Aber mit einer Helferin an der Seite, unabhängig von der Verwandtschaft, und versehen mit einer auskömmlichen Rente, sollte man es da nicht versuchen? Bot dieses Land nicht auch für ihn neue Genüsse, eine schier unbegrenzte Auswahl an Weinen und Zigarren, Restaurants mit fremdländischer Küche, alle Möglichkeiten des Reisens, um unbekannte Stimmen und Gerüche aufzunehmen?

Schnell wurde die Eheschließung vorbereitet, schnell hatte man die standesamtliche Eheurkunde in der Hand und überraschend schnell erhielt man die Ausreisepapiere.

Nun kamen die Abschiede, von den wenigen Vertrauten, von den Kindern und vor allem vom Häuschen am See. Noch einmal und noch einmal und noch einmal ließ er sich ans Ufer bringen und schwamm auf den See hinaus. Er bestellte für eine Seerundfahrt das Motorboot, weil die junge Frau sich weigerte, mit ihm in ein Paddelboot zu klettern. Vom Motorboot aus zeigte er ihr zum letzten Mal seinen See mit seinen Schilfinseln, seichten Buchten und schmalen Fließen. An solchen Tagen wäre er gern geblieben und hätte die bevorstehende Ausreise am liebsten nicht mehr wahrhaben wollen.

Aber gnadenlos rückte der Termin heran.

Mitten im Sommer ging es über Berlin-Friedrichstraße in das Aufnahmelager Marienfelde. Eine kirchliche Genossenschaft verschaffte den Flüchtlingen in Neukölln eine Zwei-Zimmer-Wohnung in einem von mehreren Siebzigerjahre-Blocks.

Die mitgebrachten wertvollen alten Möbel waren zu sperrig für die kleine Wohnung und mussten in einem Speicher zwischengelagert werden. Die Zahlungen der beantragten Rente und einer staatlichen Beihilfe ließen auf sich warten. Die mitgebrachten Gemälde aus dem Erbe seiner verstorbenen Frau wurden verkauft, um den Lebensunterhalt zu sichern. Behördengänge beschäftigten sie, die richtigen deutschen Ausweispapiere mussten beschafft werden. Während sie shoppte und shoppte, saß er in seinem neuen Zuhause und hörte Radio.

Wenige Wochen nach der Ankunft in Westberlin wurde er krank. Zehn Monate später war er tot.

Matthias Körner

Grenzgänge

Meine Oma Lene kochte gern und gut. Das hatte sie Anfang des 20. Jahrhunderts „auf'm Sem'nar" gelernt. Dort belegte sie, um den Lehrerberuf zu erlangen, die Fächer Hauswirtschaftslehre und Turnen. Allerdings konnten zu ihrer Zeit nur Frauen, die Fräuleins blieben, auch tatsächlich in den Schulen unterrichten. Ausnahmen galten für Kriegszeiten, da brauchte der deutsche Staat die Männer an anderen Schauplätzen. Lene heiratete, bekam Kinder und hatte also Zeit, ihre Kochkünste in der Familie zu vervollkommnen. Dabei half ihr das handgreifbare Ergebnis des „Sem'nars": ein dickes, von ihr in Sütterlin geschriebenes und in schwarzes Leder gebundenes Buch mit Rezepten samt Mengen- und Preiskalkulationen. Die Kalkulation der Preise war bald nicht mehr zu gebrauchen, aber die Rezepte behielten ihre Gültigkeit über die Kaiserzeit, die Weimarer Republik, das Tausendjährige Reich und über die Deutsche Demokratische Republik hinaus. Da meine Oma nicht nur gern und gut kochte, sondern auch gern und viel aß und die Turnerei vom „Sem'nar" gänzlich aus den Augen verlor, machte ihr allzu viel Bewegung zu schaffen, und es blieb ihr körperlicher Aktionsradius im Wesentlichen auf Hof und Haus beschränkt.

„Ich bin in meinem Leben genug gelaufen", begründete sie, „die Flucht und dann der Weg zur Schule von Moys nach Görlitz." Ich fragte nach, wo dieses Moys denn liege. „Das ist jetzt in Polen und da kann man nicht hin." „Wieso in Polen und wieso nicht hin?" „Die Grenze", sagte sie. Und Grenze kannte ich schon als unüberwindbar, war die „andere Oma" doch „rüber gemacht" in die Nähe von Lüdenscheid. Wie aber ein ganzer Ort in ein anderes Land gelangen konnte, erklärte sich mir erst später.

Die erste Fahrt nach Moys unternahm ich, zusammen mit meinen Eltern, als Ergebnis des sogenannten visafreien Grenzverkehrs mit der Volksrepublik Polen. In einem roten Saporoshez aus dem Bruderland Sowjetunion fuhren wir mit panzerartigem Motorengeräusch die Schul-Lauf-Strecke der Oma von Görlitz nach Moys ab. Meiner Mutter war der Weg vertraut. In ihrer Kindheit verlebte sie viele Ferientage in Moys bei ihren Großeltern. Sie allerdings konnte damals diese Strecke per Straßenbahn zurücklegen, denn nach Görlitz ging es zum Einkauf von Besonderem, wie zum Beispiel Blockschokolade, mit „Großmuttel", wie ihre Großmutter betitelt wurde. Die Verkleinerungsform täuschte allerdings über Großmuttels Leibesfülle hinweg, die jeden Fußmarsch nach Görlitz unmöglich machte. „Von ihr", so meine Oma immer, „kommt die VERANLAGUNG zum Dickwerden, nicht vom Essen!"

Bei der elterlichen Moys-Fahrt im Saporoshez vernebelte der Dauerzigarettenkonsum meiner Eltern den Innenraum besonders heftig, da „sicherheitshalber" alle Fenster geschlossen blieben. „Dort", sagte meine Mutter, „kommt gleich das Haus." Und sie stippte mit dem Zeigefinger gegen die Saporoshez-Scheibe. Mein Vater nahm den Fuß vom Gas, der Saporoshez glitt nahezu geräuschlos Richtung Familienstammsitz. Und als mein Vater den Bremsvorgang einleitete, sah meine Mutter zum Haus und sagte: „Nicht halten, das gibt vielleicht Ärger."

Ängstlichkeit ist offenbar auch vererbbar, denn Großmuttel drängte Großvatel, der Wach- und Schießgesellschaft beizutreten. Die schaute immer mal vorbei, ob Großmuttel und Großvatel gefesselt oder ausgeraubt wurden. Ob im Ernstfall nach dem Wachauftrag auch der Schießfall hätte eintreten können? Bei der Frage tappte meine Mutter allerdings im Dunkeln. Großmuttels Tochter Lene übersprang das Angsterbe. Sie vertrat die Philosophie der offenstehenden Haustür, selbst bei Abwesenheit: „Jeder denkt, ich komme gleich wieder."

Immerhin sah ich aus dem vorbeituckernden Saporoshez den mit roten Ziegelsteinen gepflasterten Hof-Weg. Der jetzt, mit Moos bewachsen, nicht mehr jenen Reinlichkeitsfimmel von Großmuttel widerspiegelte. Zu ihrer Zeit kam zur Großen Wäsche eine Waschfrau für drei Tage. An zwei Tagen wurde gewaschen und am dritten mit der Waschlauge der Pflasterweg, Hof, Straße und die gelb-rot gerillten Fliesen im Haus gescheuert.

Wir parkten den Saporoshez ein Stückchen weg und schlichen uns von hinten an das Familienhaus, über den ehemaligen Bleichplan. Nach dem Bleichen wurde die Wäsche noch mal gespült wegen des Staubes vom Gras. So reinlich ging es zu. Deshalb durfte man den Bleichplan nur zum Begießen der Wäsche betreten. Sonst nie! Meine Mutter und ihr Cousin Dieter hielten sich bei einem gemeinsamen Ferienaufenthalt allerdings nicht daran. Sie kletterten über den hinteren Zaun und rutschten den Bleichabhang auf dem Hosenboden herunter. Das gab grüne Flecken, und beim Zurückklettern zerriss sich meine Mutter auch noch das am Tag zuvor mit Großmuttel in Görlitz gekaufte Kleid am Jägerzaun. Aufgrund derartiger Vergehen blieb es bei dem einen Kleid von Großmuttel.

Wir gingen zurück zum Saporoshez, sahen rüber zum Jäckelsberg, einem Ort preußischer Niederlage: Als Friedrich Zwo noch nicht der Große war, verlor er hier 1757 eine wichtige Schlacht um die Herrschaft über Schlesien und seinen treuen Freund und Befehlshaber Hans Karl von Winterfeldt. Und wäre im Verlauf dieses Siebenjährigen Krieges nicht die russische Zarin gestorben und hätte ihr Nachfolger nicht eine preußenfreundliche Bündnispolitik eingeschlagen, wäre für Friedrich der Siebenjährige Krieg verloren gegangen und Schlesien nicht preußisch geworden, und niemand hätte Friedrich als den Großen bezeichnet, und die Grenzen und die Geschichte von Europa, von Moys und dem Urgroßelternhaus und die meiner Familie wäre anders verlaufen. „Vielleicht“, sagte meine Mutter.

Mit Cousin Dieter, erzählte Mutter, sei sie früher oft zum Gedenkstein auf den Jäckelsberg gelaufen. „Darauf stand: Hier fiel Winterfeldt. Dann gab es noch an einer anderen Stelle auf dem Berg einen Stein: HIER (und das Hier war unterstrichen) fiel Winterfeldt." Gestimmt hat beides nicht, denn Winterfeldt starb in Görlitz an seiner auf dem Jäckelsberg von einer „kroatischen Kugel" beigebrachten Verwundung. Das mit der kroatischen Kugel meint die Nationalität des Schützen, denn die Kugeln stammten sicher auch damals meist von EINEM Hersteller, der ALLE Seiten belieferte.

Eigentlich wollten wir noch auf den ehemaligen Moyser Friedhof. Aber den Weg dorthin traute mein Vater seinem Saporoshez nicht zu. „Ist eh nichts mehr übrig außer ein paar Bäumen", sagte meine Mutter, und wir fuhren zurück über eine Grenze, deren Bewacher – egal auf welcher Seite sie standen – bei mir Unbehagen auslösten. Las ich in den Gesichtern unter den Schirmen der Uniformmützen doch die Unterstellung heraus, man führe heftig etwas gegen den Sozialismus im Schilde. Was ja im Grunde auch stimmte, lief doch jede Grenzüberschreitung der herrschenden Sozialismusart zuwider.

Nach diesem Moys-Besuch gab es eine lange Pause. Solidarność regte sich in Polen und brachte das sozialistische Weltsystem ins Wanken. Das machte die Grenze wieder unüberwindbar.

Als sich dann das sozialistische Weltsystem aufgelöst hatte und die Welt neu abgesteckt wurde, machte ich mich wieder auf die Reise nach Moys. Jetzt als EU- und Schengen-Bürger in ein Nicht-Schengen-Land. Ich zeigte an der Grenze meinen neuen Pass und fuhr im eigenen „West-Auto" Omas Lauf-Schul-Strecke bis nach Moys. Diesmal war mir beim Blick über den Gartenzaun etwas bang, nicht, dass die Bewohner befürchteten, hier besieht sich einer sein Erbe, das er wieder haben will. Im Vorgarten häckelte eine freundliche Frau mit Schürze, von Alter und Statur entsprach sie meiner Vorstellung von der Großmuttel. Wir radebrechten ein bisschen hin und her bis sie mich mit freundlicher Geste ins Haus einlud. Das also, dachte ich, muss das Herrenzimmer gewesen sein. Und der Ohrensessel könnte noch der sein, in dem Großvatel gestorben war als meine Mutter, knappe 14 Jahre alt, ihre Großeltern besucht hatte. Sie bemerkte wie Großvatel schwer atmete und rannte in die Küche zur Großmuttel, die gerade mit einem Vertreter verhandelte. „Schnell, mit Großvatel ist was!" Großmuttel verhandelte aber erstmal zu Ende. Inzwischen atmete Großvatel nicht mehr. Meine Mutter musste dann die Trauergäste zu dem im Herrenzimmer aufgebahrten Großvatel führen. Sie konnte danach nie mehr den Geruch von Callablüten ertragen. Die polnische Frau sah mich an, schob ihr Kopftuch nach hinten, nickte und wischte, als sei sie in ein Spinnennetz geraten, mit der Hand über ihr altes Gesicht und sagte in erstaunlichem Deutsch: „Ich auch von weit weg. Haeimaat ist Errinneruung." Wieder zurück, berichtete ich meiner Mutter von dem Besuch. Da stellte sich heraus, dass ich das Haus verwechselt hatte.

Einen neuen Anlauf unternahm ich mit dem Bleichplanrutscher Dieter und seiner Frau Waltraut. Ihren Eltern hatte in Moys die Gärtnerei gehört, die größte in Schlesien.

Als Startpunkt unserer Expedition in die Familiengeschichte bestimmten wir einen Taxi-Stand in Görlitz. Polen war gerade der EU und dem Schengenraum zugeschlagen worden. Unser Grenzübertritt sollte somit kein Problem sein. Uns erwartete eine kurze Schlange von Taxis und weil sich nichts rührte, klopfte ich ans Fenster des vorderen. Die Scheibe surrte nach unten: „Mittag", sagte der Taxifahrer. Ich wandte mich dem dahinter stehenden Taxi zu. „Alle", sagte UNSER Taxifahrer, „alle machen Mittag!" Unterhaltung während der Pause ja, fahren nein. Kauend klagte er über die schlechte Wirtschaftslage seines Gewerbes und die offene Grenze: „Fragen'se mal die Normalsterblichen, die wollen das alle nicht mit der offenen Grenze." Klar würde er uns fahren, gleich nach dem Döner, aber nur bis zur Grenze. Sein Auto sei ihm zu schade. Er beugte gleich vor: „Alle, alle machen das so." Das würde bedeuten: Fußmarsch über die lange Grenz-Brücke ins Polnische. Nur war Dieter mit über 80 nicht mehr so gut zu Fuß wie zu Bleichplan-Rutschzeiten. Dann eben ein polnisches Taxi. „Ha", freute sich der deutsche Taxifahrer, „die dürfen hier keine Kunden einsammeln, sonst könnten wir nicht überleben." Also einsteigen ins deutsche Taxi, natürlich nach der Mittagspause. Tanken, fahre er schon rüber, das sei eine andere Sache, sagte der Taxifahrer. Ich wunderte mich, wieso eine Tankfahrt nach Polen für sein nobles Gefährt weniger gefährlich sein kann.

Waltraut fuhr einst diese Strecke mit dem Fahrrad. Vorher hatte sie Goebbels letzte Rede in der Görlitzer Stadthalle im Radio gehört: „Unsere Soldaten ziehen in die Schlacht wie Gotteskrieger." Das traf nicht auf alle zu: „Auf dem Postplatz lagen Soldaten mit Schild um den Hals: Ich habe geplündert … Ich wollte desertieren … Und am Gerichtsplatz hingen sie an den Bäumen."

Vor der Brücke mit der offenen Grenze hielt unser Taxifahrer und kassierte. Der Preis für die Zehn-Minuten-Fahrt vermittelte den Eindruck eines ausgiebigen Ausflugs.

Beim mühsamen Gang über die Brücke erzählte Waltraut, wie sie kurz nach dem Krieg hier entlang nach Hause wollte. Da kamen ihr die Eltern entgegen. Jeder mit zwei Beuteln in der Hand, und sie teilten ihr mit, jenseits der Brücke gibt es kein Zuhause mehr. Die Beutel waren das, was sie von der größten Gärtnerei Schlesiens mitnehmen durften. Waltrauts Eltern blieben in Görlitz. Der Vater hatte immer gehofft, dass die Grenze keinen Bestand habe, und er wollte dann gleich vor Ort sein, um seinen Acker wieder zu bestellen.

Wir liefen über die Grenzbrücke wie gegen die Zeit und den europäischen Horizont bis zum ersten polnischen Taxi.

Der drahtige Fahrer sprang aus seinem Auto, warf die Zigarette weg und hielt uns die Tür auf: „Bietteschéen!"

Wieder Moys und diesmal das richtige Familienhaus und wieder eine häckelnde ältere Frau. Ringsum dröhnten Baufahrzeuge. Sie bahnten eine Schneise für die neue Ortsumgehungsstraße, die jene Kohlegrube in Hausnähe quert, der Großvatel als Bergwerksdirektor vorstand. Wir stiegen aus, die Frau legte die Hacke beiseite, wischte die Hände an der beuligen Jogginghose ab und kam zu uns an den Gartenzaun. Dieter und ich gestikulierten gegen den Baulärm. Die Frau schien mir wie der Gegenentwurf zu meiner Großmuttel-Vorstellung: schlank, agil und mit Freundlichkeitsfalten im Gesicht winkte sie uns herein.

Wir hatten den halben Weg vom Gartentor zum Hauseingang geschafft, da stürmte, es war sicher die Tochter, eine Frau um die Vierzig aus dem Haus und drängte uns schimpfend wieder zurück.

Der Taxifahrer zuckte mit den Schultern. Ich fragte ihn, was er von der Grenzöffnung halte.

„Für mich nicht gut. Ich gemacht Kleinschmuggel, Autoreifen, Autoteile und jetzt ist alles kaputt." Er fuhr beherzt den ausgefahrenen Feldweg zum Friedhof. Das Auto setzte ein paar Mal auf, aber das nahm er gelassen. Autoteile waren ja nicht sein Problem.

An den lückig stehenden Bäumen erkannte man noch die alten Alleen auf dem Friedhof. Hier also ist die letzte RUHE-Stätte von Großvatel und Großmuttel. Grabsteine sah ich keine. Damit hat man nach dem Krieg Straßen gebaut. Und dann war das ein Schuttabladeplatz. Bis polnische Jugendliche hier aufgeräumt haben, erfuhren wir vom Taxifahrer.

Auf dem Stamm eines abgestorbenen und umgefallenen Allee-Baumes schlängelte ein Keimling der Sonne entgegen. „Vielleicht schafft er es bis zu einem ausgewachsenen Baum." Dieter drehte sich von dem Stamm weg und sah über die Felder in Richtung Großvatel- und Großmuttel-

Haus: „Aber das ist das Schicksal des Lebens. Es wächst, stirbt und wächst neu heran.“

Eine Weile hingen wir dem Satz noch nach, dann sagte Waltraut: „Und wenn du jetzt hier geradeaus gehst, kommst du in unsere Gärtnerei.“

Der Taxifahrer brachte uns auch dorthin. In dem einzigen noch intakten Haus verkaufte die polnische Stadtgärtnerei Blumen und Pflanzen. Ringsum wuchsen zwischen Hausruinen Ahorn und Goldrute. „Das ist das Kesselhaus … war eines der modernsten.“ Hier hatten sich Dieter und Waltraut kennengelernt. „Nun bin ich mein Leben lang von einer Gärtnerin behütet worden“, sagte Dieter, und die untergehende Sonne warf lange Schatten. Glas knirschte unter unseren Schuhen. Tut es weh, durch die Schatten der Vergangenheit zu gehen?

„Nein, nun überhaupt nicht mehr. Das ist alles fremd jetzt“, sagte Waltraut. Ihr Zusammenleben mit Dieter führte sie über die „Hauptstadt der DDR“, die sie 1956 Richtung Westen verließen, bis sie schließlich in Hannover sesshaft wurden. Dieter hatte die Paradiese auf Erden zu seiner Profession gemacht. Er lehrte an der Universität die Geschichte der Gartenkunst. Lachend sagte er immer: „Ein richtiges Orchideenfach: Selten, schön und nutzlos.“ Aber können Paradiese nutzlos sein? Wie könnten wir ohne sie den Alltag entgrenzen?

Längst wohnten Dieter und Waltraut in Hannover, als Waltraut ein Päckchen aus Polen bekam. Drinnen waren Fotos, die einst im Moyser Familienalbum klebten. Gern hätte sie sich bedankt, aber der Absender fehlte, und sie konnte ihn auch nicht ausfindig machen.

Es war spät geworden. Unser Taxifahrer kaufte mir noch ein Brot, weil ich keine Złotys hatte und fuhr uns über die Grenzbrücke rüber nach Görlitz. „Ausladen geht, nur Einladen verboten“, sagte er. Sein Preis für den ganzen Tag lag nicht viel über dem des deutschen Taxifahrers für die zehn Minuten.

Im Jahr 2014 ging ich in der Familiengeschichte noch weiter zurück, weiter in der Zeit und weiter ins heute Polnische. Bis nach Karzen, heute Karczyn. Hier war einer meiner Vorfahren Pfarrer. Er lebte von 1763 bis 1820. Die Kirche stand auf einem Hügel, umgeben vom Friedhof. Heute ist der eine grüne Wiese. Nur EIN Grabmal blieb erhalten, eins aus der Pfarrer-Zeit meines Vorfahren. An diesem Grab also wird er gestanden haben und hat bei der Beerdigung vielleicht von der Grenze zwischen Leben und Tod gesprochen. Die Kirche ist nicht mehr die alte. Im Eingangsbereich erklärt das eine Gedenktafel. Die alte Kirche hatte den 2. Weltkrieg zwar überstanden, aber wurde „1954 von der kommunistischen Regierung zerstört". „Den deutschen Söhnen und Töchtern, die hier lebten, liebten, Gott ehrten, arbeiteten und denen, die heute die deutsche und polnische Zukunft bilden, Ehre und Dank", stand noch in Deutsch und Polnisch auf der Tafel, neben der eine deutsche Fahne mit Bundesadler steckte.

Der Moyser Friedhof war inzwischen ein Gedenkort geworden, an dem die Familiennamen jener Deutschen aufgeführt sind, von denen man noch Grabsteine fand. Großmuttels und Großvatels Familienname ist auch darunter.

So können Friedhöfe Brücken bilden von der Vergangenheit in die Zukunft und alle Grenzen überwinden. In meiner Heimat werden die Gräber nach 20 Jahren eingeebnet.

vogelherz
das herz des vogels
den ein auto traf
im flug zu boden
fallende amsel
schlug noch so
stark dass ich
die des vogels
habhaft wurde
betroffen von
dem blick feiner
dunkler augen
sogleich in meiner
hand ein pochen
fühlte wie ich
zuvor niemals
auch dein herz
klopfen nicht
gespürt
fragend ob
seine flügel
wieder seiden
schweben
werden leicht
wie kinderfüße
sausen schadlos
nicht bedroht
vor dem tod
frei zu sein

komm
wie ernst leben meinst du es
wenn du sagst: komm

würde ich folgen deinem ruf
erwartest du leben mich dorten
oder wo wohnst du dann

bin ich deinem lockruf doch
gefolgt hierher
warum umklammerst du mich
jetzo
muss ich wieder aufgeben alles
mein und anderes
das wenn wie aber fürchte ich
denn woran halte ich mich
an ein neues versprechen …

wie gewiss leben
sagst du dies
wenn du mich lockst: komm

die gedanken sind:
privat
zollfrei
genehmigungsfrei
pfandfrei
steuerfrei
vogelfrei
rechtsfrei
versicherungsfrei
kostenlos
unsichtbar
geheim
verborgen
lautlos

kontaktfreudig
neugierig
gutgläubig
werkzeuge
spielzeuge
ruhelose
unangreifbar
unbegreifbar

werden zu
worten

sind
grenzenlose

gedanken werden blind geboren
in den häuten der hirne
graben sie sich im dunkel
bis an die ränder des schädels
reichen ihre gänge
manchen geht ein licht auf
– glühwürmchen umschwärmt –
schubladen bieten schlafplätze

manche wechseln
von rechts nach links oder
die hüllen hüte kleider
nicht jeder will gleich
ausgespuckt werden
hält lieber händchen statt
ein freier mitarbeiter zu werden

freiheit ist schön
aber
nicht immer bequem

Eckhard Lange

Gräben
Auf beiden Seiten
ein Pfahl gepflanzt
in den gleichen Farben
nur oben das Schild
ist verschieden

Dazwischen
der Graben
nicht tief
aber schlammig
an beiden Ufern
Buschwerk und Bäume
aus gleichem Samen
man konnte springen
hinüber herüber

Seid ihr verrückt?
schreit der Mann
könnt ihr nicht lesen?
sie schießen auf jeden
sagt der Mann
leise und traurig

Einmal viel früher
sprang dort ein Mann
von drüben nach hier
totgeglaubt war er
verschollen vermisst
stand eines Tages
in unserer Tür
es war der Vater

Gedenken

In unseren Herzen
lebst du weiter
steht geschrieben
schwarzgerandet

Ehrendes Andenken
verspricht die Firma
Wir werden dich
niemals vergessen
versichern die Freunde

Und danach?
Ob du in zehn
oder hundert
Jahren vergessen
was zählen Zahlen

Nicht was diesseits
einzig was jenseits
der Grenze geschrieben
mag vielleicht
noch etwas bedeuten

Horizont

Nur eine Linie
grenzt
Meer gegen Himmel

Dem Rudernden
weicht sie
wieder und wieder

Die Grenze flieht
ins Grenzenlose
bis Nebeldunst
die Linie löscht

Elisabeth Melzer-Geissler

Das Meer
mit siebzehn zum ersten Mal
gerochen
auf der Haut
gespürt
seine Weite
geschmeckt

Monatelange Auszeit
mit Kirchengeschichte im Gepäck
und den Widersprüchen der
Religions-Kriege

Gegenüber
Freiheit Natur und Himmel
das Ufer Schwedens
unerreichbar

Im Nebel davor
eine Wand
aus Kriegsschiffen

Der Strand
übersät mit Lichtkegeln
und bewaffneten Grenzsoldaten
am Abend

Das Meer
mit seiner Urgewalt
einfordernd
Respekt und Ehrfurcht

Das Meer
das die Sehnsucht in uns entzündete
über die Mauer zu springen
und
vor der Zeit
Wirklichkeit
werden ließ

Grenzweg I

Du kannst es drehn und wenden
wie du willst
du kommst nicht weiter

Die Gasse die hat keinen Ausgang
Sie ist ein Sack
und du bist eingeschnürt darin
fest bis zum Hals

Du weißt nicht mehr
womit
dein Brot verdienen
dein Kind ernähren
kleiden

Wo willst du wohnen?

Du stehst
als Außenseiter
und bist bereit
zu gehen
und das Vergangene
auch das dir Liebgewordene
zurückzulassen

Was nimmst du mit?

Die letzte Kraft
und eine Prise Mut
Zivilcourage
und Hoffnung
Hoffnung
wie ein großes frisches Eis
in einer Tüte
mit bunten Zuckerkrümeln
überstreut

Wohin?

Woher soll ich das wissen

Was wird?

Wenn alle Träume
auf Veränderung
zerschlagen
weil du belauscht

Wenn du vergittert
auf die Wolken schaust

Was wird?

Wenn sie die Deinen
wegen dir belästigen

Was wird?

Wenn du die Freunde
nie mehr wiedersiehst

Wenn aller Traum
auf Zukunft

sich verflüchtigt
wie fruchtig Speiseeis
das in der Sonne
auf die Bluse tropft

Du hältst den Atem an:
Die Zeit steht plötzlich still

Du rollst im Zug
der an der Grenze
kreischend stoppt
der strengstens
untersucht
mit Spürhund
scharfer Waffe und
gestrenger Miene
mit Stocherstöcken
aus Metall
die klirren so
wie splitternd Eis
im Untergrund

Was wird?

Der Zug rollt weiter fort
mit dir

Du kannst es nicht begreifen

Dein Herz
es bleibt zurück
das sich nicht wenden
konnte
wollte

Du kannst es nicht begreifen

Die alte Zeit steht still
und schaut dir aus dem Fenster zu
und du
du merkst es nicht

Der Zug rollt weiter
weiter fort mit dir

Doch du stehst stumm
und kannst nicht winken
du bist gelähmt
denn du begreifst es nicht

Die Grenzer
gingen flüsternd und auf Zehenspitzen
dein Kind schlief im Abteil
sie blickten kaum
auf das Papier
das dir ermöglicht hat
weit vor der Zeit
die Mauer hinter dir zu lassen
an der du dich so oft gerammt

Und du schaust aus dem Fenster

Die Zeit
steht still
und rast vorbei
und wird zum Zwitter
zwischen Ewigkeit
und Nichts

Der Zug rollt weiter
rollt dir die Jugend fort

Grenzweg II
Du fährst im Zug und fährst und
hast doch kein Billett
und auch kein Geld

Und jeder sieht dir an
woher du kommst
frisch importiert

Und sie sind freundlich
schenken deinem Kind
gar einen großen roten Apfel

Und er schaut aus
als käm er
mitten aus dem Paradies

Das Kind beißt ab
von diesem saftigen
Willkommensgruß
und kleckert sich
damit aufs Kleid

Du stehst
als Neuankömmling
vor dem Lagertor
und weinst
weil du nicht weißt
wie alles zugegangen

Was sollst du hier?

Du kriegst dein Bett
und auch die Decke
zugewiesen
und kannst nicht schlafen

Du wachst
und hörst
Geschichten
aus Sibirien
auf dem Flur

Sie kamen neben euch
zur gleichen Zeit
von weiter her
und finden keinen Schlaf
wie du

Wer sollte sie
denn sonst verstehen
wenn nicht ihr?

Du wachst und hörst
was sie geträumt
und sich erkämpft
so viele Jahre

Du hörst
wie oft die Zukunft
gleich Porzellan
in ihrer Hand zerschlagen
und wie sie sich die Hoffnung
dennoch
niemals rauben ließen

Geschmeckt
Gefängnis
Kälte
viele auch den Tod
doch auch die
Überwindung

Du nimmst
die Alte aus Sibirien
in den Arm
und denkst an deine Mutter

Sie kamen neben euch
von weiter her

Wer sollte sie
denn sonst verstehen
wenn nicht ihr?

Friedliche Revolution
Als
Außenseiterin
stolperte sie über die
Steine der
Diktatur

Wie gut
sonst säße sie
heute
vielleicht
im Bundeskanzleramt

Vor der Zeit
überwanden sie
den Stacheldraht
zwischen
Ost und West

Die Hunde beißen
anders
auf der anderen Seite

Der Stachel
bleibt
Zur Wende
hielt sie
ihr
Neugeborenes
im Arm

Sonst
wären sie vielleicht
untergetanzt
in der Masse
der Mauerspechte

Später
feierten sie
unterm Brandenburger Tor
still
ihren
Aufbruch

Regine Mönkemeier

Status vereintes Land
Unvergessen
Die Montagsdemonstrationen
In Leipzig und Plauen
Der Aufruf der Sechs
Die friedliche Revolution
Unvergessen
Die plötzliche Maueröffnung
Der Jubel – die Freudentränen
Das Glück der Freiheit
Die Wiedervereinigung
Und ihr steiniger Weg

Vergessen, fast vergessen
Nach mehr als fünfundzwanzig Jahren
Fehler der Abwicklungen
Ungerechtigkeiten, Kränkungen und
Fehleinschätzungen beider Seiten
Schuldzuweisungen

Vergessenes und Unvergessenes
Noch finden sich feine Risse
Soziale Verwerfungen
Die gemeinsame Zeit aber
Wurde zur tragfähigen Brücke
Verwandelte Fremdland Ost
Und Fremdland West

Gegen das Vergessen

Erzählt es den Kindern
Und Kindeskindern – erzählt
Es allen – wie alles begann
Erzählt von dem großen Krieg
Vor mehr als siebzig Jahren
Erzählt von der maßlosen Schuld
Vom Völkermord an den Juden
Dem grenzenlosen Machtstreben

Erzählt von Feuer und Tod
Vom zerstörten Land &
Den Überlebenden diesseits
Und jenseits trennender Grenzen
Erzählt von den Menschen
Die mehr als vier Jahrzehnte
Nach friedlicher Wiedervereinigung
Suchten und strebten

Landsuche

Blind
Durch alle Schatten gestoßen
Mit kalter Wortesklinge
Nirgends die Losung gefunden
Die glitzernde Münze geworfen
Bedenkenlos
Mit dem Adler davongeflogen
Atemlos, goldlos und frei

Außen
Vergeblich gesucht
Ein Land ohne Grenzen

Wirklichkeit wahrnehmen
Frieden – in zu vielen Ländern
Längst ein vergessenes Wort
Inmitten von Chaos und Zerstörung

Und wir
Wir liefern Kriegswaffen
An Freunde und ihre Feinde
Leugnen die Gefahr
Des anstiftenden Tuns

Tanzen weiter – als gäbe es
Andauernden Frieden
70 Jahre nach Kriegsende

Dort wohnt es
In diesen Häusern führen
Alle Türen
Auf einen langen Gang
Nicht Deutung – nicht Licht
Fühlbar

Angst hockt in den Fluren
Fragen flüchten in Verstecke
Gewagtes zerplatzt an Schranken
Ehe ein Tag anbricht – zerbricht
Jede Zuversicht

Maskierte treten unvermutet
Aus Portaltüren in Nächten
Kein Gewitter – keine Splitter
Nirgends ein Schrei
Rote Fahnen

Zeitmal
Die Mahnung nicht
Maßlos zu sein
Macht nicht mutlos
Weckt Widerspruch

Als Matador hinaustreten
Die Masken der Macht
Und die Vermarkter
Des Mangels meiden

Membran im Zeitstrom
Makler sein – nicht Mandant
Mandel sein
Bitter und Bahnbrecher

Zu leise der Aufruf
Zum Aufbruch

Hinter Glaswänden
An der Grenze des Lichts
Ankert mein gläsernes Schiff
Beladen mit Wegsteinen
Und dem Wortschatz für künftige Tage

Auf dem Spiegel des Moorsees
Versteinert die Nymphaea alba
Hütet ein Wissen
Und legt ein Netz aus

An den Ufern des Zweifels
Erhebt sich ein Baum
Kann dir und mir
Die gespaltenen Zungen verzeihen

Friedrich Mülder

Am Windhoch
Manchmal sind wir
Waldler in Wolken gehüllt
Hier oben spielen
Regengötter brauen
Donnerwetter schleudern
Blitzlichter ins geborstene
Gipfelgestein

Brandbriefe schneeweiß
Mit alten Wasserzeichen
Entzünden Küstenfieber

Das Schwarze Meer
Eine tröstliche Option
Für verlorene Ufer
Aber wir reisen nicht
Der Wasserweg ist gestört

Die Donau spielt
Wieder mal Über-Fluss
Bringt den Passauer Pegeln
Das Staunen bei plätschert
Den Bürgern durch die Häuser
Gibt Fröschen und Fischen
Die Fußgängerzonen frei

Bergwörter
Die Stadt ist aufgegeben
Windhoch vorm Sturmtief
Durchstoßen die Schneegrenze
Gruben Schluchten ins Weiß
Unsere Tore sind offen
Wir streuen den Vögeln
Gekörnte Silben fügen die
Bergwörter zu neuen Sätzen
Senden unsere Signale
In ihre verfilzten Netze

Noch sind wir ihnen über

Die Wegkreuze warten
Ein Reh nippt
Schmelzwasser
Aus der Wagenspur

Die Fichten lassen
Von den Meisen
Die Bärte putzen

Die Kreuzschnäbel
Keilen den Zapfen
Die Samen heraus

Scheinheiliger Dompfaff
Flötet im Waldstrich
Nach roten Brüsten

Unter gelben Pollen-
Wolken liegen den
Haseln die Narben blank

Buchstäbler
  Das geht über die Schrift
    Pack die Winterworte ein
  Wirf dich ins Morgenlicht
Die Wegkreuze warten

Da draußen platzen
Die Knospen das Jahr
Blättert um ins Grüne

Grenzgänger
Wir achteten nicht
Auf die Ringe der Bäume

Wir konnten die Chiffren
Der Birkenrinde nicht lesen

Wir folgten
Den Spuren der Maulwürfe

Den langen Reihen
Aufgeworfener Hügel

Die Wegkreuze
Standen gegen uns auf

Das Jahr wechselte

Wir trafen nicht mehr
Die wir suchten

Grenzwald
Es gibt noch Spuren
Aber sprich
Keine Zeitwörter hier

Die Schussfelder
Tragen wieder Bäume
Stacheldraht rostet

Heute schwingen
Brombeerranken
Im böhmischen Wind

An Träumerpfaden liegen
Überwucherte Fundamente
Von getilgten Dörfern

Gekippte Grabsteine
Bewahren noch Namen
Unter Polstern von Moos

Und der Große Arber
Trägt immer noch die
Albernen Ohren die
Die Kalten Krieger ihm
Haben wachsen lassen

Großvenediger
Im Sonnenbrand standen
Die weißen Spitzen vorm Blau
Düsenjets zogen über uns
Im Diktat der Streckenkarten
Ihre Kondensstreifen
Durch den Himmel

Adler kreisten über der Tiefe
Die Bäche rauschten Schaum-
Adern das Blut pochte in den
Ohren lähmte die Stimmen
Von den Augen rollten rote
Ringe in die grün blinkenden
Spalten die Haut glühte der
Eiswind vom Gletscher
Gaukelte den Poren Kühle
In der Hütte lagerten wir
Unsere Worte ein machten
An der Tür ein Zeichen
Banden uns ein in Seilschaft
Stiegen Stunde um Stunde
Dem Gipfel entgegen

Aus der Schwarzen Wand
Gingen Eisbrüche nieder
Still rollten die Trümmer
Ehe ihr Donnern uns fasste
Strichen wir das Ewige aus
Dachten Silur Karbon und
Kreide sahen Meeresböden
Aufbrechen Schichten
Zu Gebirgen sich falten

Wir verloren uns in Zeitaltern
Waren am Gipfel verwandelt
Der Abstieg war mühsam
Jeder Schritt traf den
Eigenen Schatten

Zur Unzeit
Der Gleichgesinnten

Wo du lebtest
Wäre ich gern gewesen

Aber unsere Zeit
War aus dem Takt

Wir haben uns verfehlt

Keiner trägt Schuld
Trauern kann ich nicht
Weil nicht wurde
Was hätte sein können

Auch in mir:
Bäumt sich was auf gegen
Das Ende des Märchens

Lass es noch offen
Niemand kennt die letzte Seite

An dem Schluss
Wird noch geschrieben

Lonny Neumann

Requiem für Gert

Im Traum traf ich Gert in einem Wartesaal an unbekanntem Ort. Vergeblich streckte ich ihm die Hand entgegen. Eine unsichtbare Sperre war zwischen Gert und mir. Ich sah, wie er die Lippen bewegte, aber ich verstand ihn nicht. Ich dachte: So wird Gert nie mehr sein. Deutlich erkannte ich die graue Weste unter dem Anzug. Er trug sie auch, als er damals im Seminarraum vor uns saß, bevor er verschwand, es ist fast ein Menschenleben her. Wohin? Wir wussten es nicht. Niemand von uns hat nach ihm gefragt.
Ich habe ihn auch im Traum nicht gefragt, wonach ich ihn im Leben nicht hatte fragen können. Jahrzehnte gab es eine getrennte Wirklichkeit, um nicht das Wort Wahrheit zu benutzen.
Bodo brachte den Brief. Sein Besuch war ungewöhnlich, auch, dass mein einstiger Banknachbar ohne Hella kam, seine Frau, unserer einstigen Mitstudentin, meiner Freundin.
„Gert Eggers, sagt dir dieser Name was?", rief er, noch bevor er sich setzte.
„Gert?" Mich durchzuckte ein freudiger Schreck. „Gert, der plötzlich verschwunden war", rief ich und bildete mir ein, er blicke sich in diesem Augenblick lachend nach uns um, jung, wie wir damals waren, die Augen hell wie Kieselsteine, über die ein Quellwasser springt, den Wirbel im kurzgeschnittenen Haar.
Bodo sah mich zweifelnd an: „Verschwunden, Johanna, du irrst dich, es ist so lange her. Ich kann mich nicht mal an den Namen erinnern."
Während für mich, gleich lebenden Bildern, Erinnerungen an mein siebzehntes Jahr vorüberglitten – war ich nicht sogar ein wenig verliebt in Gert gewesen? – beharrte Bodo: „Aus unserem Seminar war doch keiner verschwunden.

Daran würde ich mich erinnern, auch, wenn er mir sogar unseren – wie er meint – gemeinsamen Schulweg beschrieben hat, bevor wir uns zum Studium in Frankfurt trafen."
Bodo sah mich fragend an. „Ich bin in einer anderen Stadt in die Schule gegangen."
Ich grübelte, wer uns damals die Nachricht gebracht hatte, Gert sei wegen Spionageverdacht verhaftet worden. Hatten wir das wirklich alle geglaubt, auch die jungen Dozenten, die aus dem Krieg mit dem Leben davongekommen, eher Freund als lehrerhaftes Vorbild waren?
„Wie ist Gert gerade auf dich gekommen?", fragte ich beinahe eifersüchtig, weil der einstige Studiengefährte, der sich uns mit seinem Brief fast geisterhaft näherte, an Bodo und nicht an mich gedacht hatte.
Warum war Bodo mit dem Brief gerade zu mir gekommen!? Es musste ihn Überwindung gekostet haben. Schließlich fragte ich ungeduldig, fast gereizt: „Was steht denn in dem Brief?"
In dem Ton sprach ich sonst nicht mit Bodo, der zu guter Letzt noch Professor geworden war, während ich alles verloren und verlassen hatte, um zu schreiben. Bodo sah mit gequältem Gesichtsausdruck hoch: „Mein Gott, es ist so lange her." Er zog einige Blätter aus der Tasche und begann mit belegter Stimme. „Nicht um Schuldzuweisungen gehe es dem Schreiber, aber hör dir das an, Johanna: ‚Ich habe Freunde aus der Zeit vorher und danach, doch gerade aus diesem gemeinsamen Jahr 1952 gibt es niemanden', so schreibt er."
Bodo sah einen Augenblick hoch, bevor er stockend weiterlas: „‚Um nach der Grenzöffnung nun diese Lücke aufzufüllen. Wir müssten sprechen.'"
Bodo strich den Brief glatt. Fragend sah er mich an. „Wenn einer bei uns verschwunden war, muss es doch Gründe gegeben haben?" Ich war erschrocken, wie weit wir uns voneinander entfernt hatten und wusste nicht gleich etwas zu sagen, bevor es mit fremder Stimme aus mir heraus kam:

„Wenn du ihm antwortest, bestell ihm einen Gruß von mir und auch, dass ich mich an ihn erinnere.“
Bodo faltete seufzend das Blatt: „Antworten! Was kann ich ihm antworten? Der Brief ist gekommen, als wir im Urlaub waren – und liegt schon einige Zeit.“
„Dann wird es ja Zeit!“ erwiderte ich.

Tatsächlich las mir Bodo nach Tagen seine Antwort am Telefon vor. So hatten wir einst, an seinem Schreibtisch sitzend, gegenseitig erste Unterrichtsstundenentwürfe ausgetauscht. Dieser Brief klang unbeholfen, obwohl alles drinstand: Berufliche Erfolge, die Familie, auch ich, Johanna, kam samt meinem Gruß darin vor.

Drei Tage später nahm ich als Antwort einen Brief von Gert aus dem Kasten. Ich riss ungeduldig den Umschlag auf. Gert redete mich noch mit meinem Mädchennamen an und entschuldigte sich für das „Du“, und ich las nun in seinem Brief, was geschehen war: „Ich frage mich oft, wie mein Weg verlaufen wäre, hätten Ursula und ich am 9. März 1952 einen anderen Weg für unseren Spaziergang gewählt. Es ist oft ein kleiner Zufall, der weitreichende Folgen hat. Ich bin doch nicht mit dem Gedanken herumgelaufen, die DDR verlassen zu wollen. Ich wollte Lehrer werden in der Mark Brandenburg – oder sagen wir – in der märkischen Heide. Geworden bin ich es nun – in der Lüneburger Heide. Naja, es gab ein paar Umwege. Aber wer in unserer Zeit konnte schon gerade Wege gehen?“

Und lesend folgte ich Gert auf seinem Weg.

„Man musste hinter dem Institut über die Bahngleise durch ein Schrebergartengelände, dann über ein paar sandige Hügel. Ich hatte tatsächlich einen kleinen Apparat dabei – eine Drei-Mark-Box aus der Vorkriegszeit. Ich wollte einige Aufnahmen von meiner Freundin machen. Ein wachsamer russischer Feldwebel war der Meinung, dass da ein böser Spion sich anschickte, die hinter diesen Sandhügeln liegende Kaserne zu fotografieren. Also stellte er die Feinde mit dem ‚gefährlichen‘ Apparat. Zunächst sah das nicht einmal besonders schlimm aus, und ich hatte ja auch kein schlechtes Gewissen. Auf dem Film war alles Mögliche, nur keine Kaserne."

Während ich las, wieder und noch einmal, die Verhöre und wie man ihn, der verdächtig geworden war, von einer sowjetischen Dienststelle zur nächsten kutschierte und schließlich in eine Kaserne. „Dort versuchten Offiziere, mich dazu zu bringen, eine Spionageabsicht zuzugeben." Gereizt und übermüdet hatte er schließlich reagiert. „Wenn Sie glauben, dass ich ein Spion bin, bin ich eben einer."

Nun entwickelte man den Film – und fand nichts. Indem man seine Taschen durchsuchte, entdeckte man einige westliche Zeitungsausschnitte, auch persönliche Briefe, die er nicht im Internat hatte liegen lassen wollen. Das stellte sich jetzt als Fehler heraus.

„Um es klar zu sagen", schrieb Gert weiter. „Ich war kein Oppositioneller oder so etwas. Ich war immer nur sehr neugierig und sehr interessiert, was Politik anging – und ich hatte keine Scheuklappen."

Ich war mittlerweile lesend bei meiner Lampe angekommen. Aufgewühlt las ich weiter. Allgemein bekannt gewordene Schicksale bekamen plötzlich ein persönliches Gesicht. Immer wieder kehrten meine Gedanken zurück in jene Zeit. Wir hatten uns daran gewöhnt, dass ein Platz in unserer Mitte leer blieb. Man hatte erreicht, dass ich meiner Erinnerung misstraute.

Hatte es diesen Augenblick eines vertrauten Gespräches zwischen Ursula und dem alten Lehrer Steinbach während einer Pause am Fenster überhaupt gegeben? Erst als sie nach dem gemeinsamen Wegbleiben, zwei Tage später schweigend allein wieder aufgetaucht war, hatten wir von der Freundschaft der beiden erfahren. Ich glaubte, mich zu erinnern, wie Ursula genickt und geweint und die Tränen fortgewischt hatte.

Während es die Gerichtsverhandlungen gegeben hatte, Gerts Schuld zu beweisen, waren wir in unseren ersten

Semesterferien durch den Harz – von einer Herberge zur nächsten – bis auf den Brocken gewandert.

„Nach dem Prozess“, schrieb Gert, „wurde ich mit anderen Gefangenen – fast alle sowjetische Soldaten und Offiziere – nach Potsdam geschafft. Da es ein Lastwagen war, konnte ich durch das offene Heck erkennen, dass wir irgendwo in der Nähe der Kolonie Alexandrowka in einem Militärgelände landeten.“

Er berichtete von einem hochherrschaftlichen Haus, das zu einem Gefängnis umgebaut war und auch von dem nächsten Transport am 13. Mai 1952. „Dieses Mal nur mit deutschen Häftlingen in einem geschlossenen Wagen bis an die Backsteinmauern vom ‚Gelben Elend‘ in Bautzen. Nach einem Jahr der Ungewissheit, 1953 Transport nach Torgau, … hier waren nur Gefangene, die von sowjetischen Militärgerichten verurteilt worden waren. Immer die Angst, zu denen zu gehören, die täglich nach Workuta verbannt wurden! Ich aber wurde am 4.8.1956 überraschend frei.“

Kurz und bündig schloss unser einstiger Kommilitone: Abitur in Westberlin und ein Studium an der Pädagogischen Hochschule, von glücklichen Lehrerjahren in Westberlin las ich, von einer lieben Frau, die Gert gefunden hatte, auch aus dem Osten nach Westberlin übergesiedelt. Und schon bald kündigte sich die nächste Generation an.

„Ich lade ihn und seine Frau ein“, sagte ich und spürte Bodos Befremden, dem ich sofort von dem Brief und meinem Entschluss erzählte. Doch er wollte nicht zurückstehen.

Wie für ein Fest bereiteten wir den Besuch vor. Bodo machte Vorschläge, wohin wir fahren, was wir ansehen könnten. „Unterwegssein ist doch besser und leichter, als zu reden.“

Gert kündigte an, eine Kiste Wein zusammenzustellen und schickte sie voraus: „Ein Schluck guten Weines ist außer einigen Büchern der kleine Luxus, den wir uns leisten.“

An den Augen erkannte ich Gert, als er neben der Gattin mit schwingendem Hut schwerfällig auf uns zukam. An festlich gedeckten Tischen – bei mir, bald auch bei Bodo und Hella – sprach meist Gerts Frau, der es leicht fiel, die Welt zu erklären, besonders die zugrunde gegangene DDR. Sie sprach von den nächtelangen Verhören ihres Mannes und dem möglichen Verrat durch seine Freundin. Gert zog verlegen die Schultern hoch und sagte nichts.

Bodo saß etwas abseits schweigend und grübelnd. Die Frage stand ihm ins Gesicht geschrieben: Aber w a s ist damals wirklich geschehen?

Gert hob das Glas: „Lasst uns darauf trinken, dass wir hier zusammensitzen." Und wir stießen miteinander an und genossen den kühlen Moselwein. „Die Zeit der Sprachlosigkeit", wiederholte Gert, „soll für immer vorbei sein."

Die Fahrkarten für den nächsten Besuch waren schon gelöst. Gert stieg seine Kellertreppe hinunter, um wieder Wein für die versprochene Kiste auszuwählen.

Plötzlich nur noch ein letztes Lebenszeichen, ein Schmerzenslaut, übertönt vom Geräusch des Sturzes!

Ich warf drei Hände voll Sand auf Gerts Urne, verwundert, wie leicht der Sand war. „Du hast es geschafft", sagte ich, „aber ich lebe noch. Das Glück, überlebt zu haben, verpflichtet. Immer diese alten Geschichten? Du kannst nicht mit den Toten reden und niemanden lebendig machen."

Ich höre Bodo darauf beharren: „Es war eine unruhige Zeit. Wir waren jung. Wer weiß, wer ihm etwas zugesteckt hatte, wer weiß, in wessen Auftrag."

Gerts alte Studienfreundin Ursula meldete sich ein paar Tage später am Telefon: „Ich habe eine Todesanzeige bekommen. Erinnerst du dich an Gert Eggers?" „Ja, natürlich, ich war gestern bei seinem Begräbnis." Sie erwiderte: „Als er nach dem Mauerfall plötzlich auftauchte, konnte ich einfach nichts sagen." Sie stockte, bevor sie weiter sprach: „Ich dachte, wir sehen uns wieder. Da würde ich ihm alles erklären können. Aber Gert ist nicht noch einmal gekommen. Ja, er machte sich so seine Gedanken, und er bekam Briefe von Verwandten aus dem Westen, die er bei sich trug – wegen der Kontrollen im Internat.“

Ich fragte sie nicht, ob sie im Verhör davon gesprochen hatte.

Nun kam der alte Steinbach ins Spiel. „Er hat mich zur Seite genommen und mir geraten: ‚Wenn Sie in diesem Land Lehrerin werden wollen, dürfen Sie jetzt nicht zeigen, dass Sie traurig sind. Sie dürfen nicht weinen!‘“

Meine Erinnerung hatte mich nicht getrogen. „Ich habe euch damals gesehen“, sagte ich.

„Ich hielt mich an Steinbachs Rat. Ich wollte Lehrerin werden und in der DDR bleiben“, sagte Ursula. „Du weißt doch, wie die Zeit war.“

Monika Nothing

Der Geruch nach Heimat

Später Herbst hüllte die Stadt in leichten Nebel. Die gelben und roten Ahornblätter der Straßenbäume lagen auf der nassen Erde. Sie hatten den herben Geruch, der die letzten warmen Tage des Jahres begleitet.

Berta stand am Küchenfenster ihrer Wohnung im ersten Stock eines Mietshauses, schaute auf den Baum vor dem Fenster, auf die Spatzen im Geäst. Sie wartete auf Erik, der sich wie immer verspätete.

Berta hielt es für eine seiner liebenswerten Marotten und lächelte. Ihre Freundin Bea regte sich darüber auf, weil sie immer auf ihn warten mussten, mal länger, mal kürzer. Pünktlich war Erik nie.

Bea behauptete, das sei Unzuverlässigkeit und pure Nichtachtung. War sie sehr verärgert, sagte sie: Dein Narziss bespiegelt sich heut besonders lang. Du lässt dir aber auch alles bieten.

Wir lieben uns, erwiderte Berta dann.

Du liebst ihn, erwiderte Bea. Traumtänzerin, du!

In seine Jacke verkrochen, überquerte Erik die Straße und betrat das Haus.

Berta hatte eine Flasche Wein geöffnet, Gläser auf den Tisch gestellt, eine Kerze in den silbernen Kerzenhalter, den Erik ihr zu ihrem fünften Kennenlerntag geschenkt hatte. Genauso hatte er es gesagt: Ein Geschenk zu unserem fünften Kennenlerntag. Er ist eben sehr rational, dachte sie. Auch das sah sie als einen seiner Vorzüge.

Sie schloss das Fenster, als sie das Zuschlagen der Wohnungstür hörte und seine Schritte auf dem Holzboden des Korridors. Sie ging ihm entgegen, als er die Küche betrat.

Erik lief an ihr vorüber, sah auf den Tisch. Er zog die Lederjacke aus, hängte sie über die Stuhllehne seines Lieblingsstuhls, der so in der Ecke stand, dass er vom Fenster aus nicht zu sehen war, und setzte sich.

Berta nahm die Schale mit den Navelapfelsinen vom Schrank und stellte sie zu der Kerze. Sie atmete den feinen Duft der Früchte ein. Nahm eine Apfelsine in die Hand und schnupperte daran.

Ist sie nicht schön?, fragte sie, hielt ihm die Frucht vor die Nase. Riech doch mal.

Erik drehte den Kopf weg. Er wies auf den Tisch. Was soll das?, fragte er dumpf.

Berta legte den Zeigefinger über ihren Mund, dann sagte sie: Das ist das Geheimnis, weißt du? Sie legte die Apfelsine in die Schale zurück, nahm Streichhölzer aus dem Schrank und zündete die Kerze an.

Was soll das?, wiederholte er.

Wirst du gleich sehen, erwiderte Berta, lächelte ihn an, setzte hinzu: Du wirst nicht glauben, was ich heut erfahren habe!

Er hielt den Kopf gesenkt und sah auf seine Hände, die locker auf dem Tisch lagen, und schwieg.

Sie trat zu ihm und legte die linke Hand auf seine rechte. Sie spürte, wie sich seine Hand verkrampfte, bis er sie wegzog.

Was für ein Geheimnis?, fragte er.

Sie holte ihren kleinen Lederrucksack und zog das erste Ultraschallbild ihres Kindes heraus, legte es auf den Tisch.

Ist das nicht ein Grund zum Feiern?, fragte sie.

Er hob den Kopf, betrachtete sie kurz und abwehrend, kniff die Augen zusammen, massierte seine linke Hand.

Ich muss dir etwas erklären, sagte er schließlich.

Was auch immer, erwiderte Berta. Wir haben es uns so lange gewünscht. Und jetzt … Ich bin so glücklich.

Ja, ja, entgegnete er unwirsch. Nein. Es geht nicht.

Was geht nicht?, fragte sie. Es ist unser erstes Kind, dein erstes Kind. All die Jahre hast du es gewollt.

Er schlug mit den Fingern der rechten Hand auf die Tischkante.

Und jetzt will ich es nicht mehr, sagte er, ohne sie anzusehen.

Berta setzte sich an den Tisch, goss Wein in die Gläser.

Das verstehe ich nicht, sagte sie. Vor einem halben Jahr bist du zu mir gezogen, hast dir das Zimmer zum Hof eingerichtet. Hast gesagt, wie wohl du dich hier fühlst. Warte, du hast gesagt: Ja, jetzt sind wir fast komplett, hast du gesagt.

Habe ich das?, fragte er. Da hast du etwas missverstanden, glaube ich.

Er räusperte sich. Gut. Ich bin gekommen, weil ich wegfahre. Eine Auszeit. Er legte den Kopf schief, sah sie von unten her an. Ich wandere aus.

Von jetzt auf gleich wanderst du aus? Berta lachte auf, nahm das Glas und nippte daran.

Er nahm sein Glas und trank es aus. Ja, darauf können wir trinken, sagte er. Vor einem Monat habe ich dich nach Norwegen eingeladen. Du hattest keine Zeit.

Berta sagte: Ich war in Finnland auf Recherche für die Zeitung, das weißt du doch.

Er redete weiter: Und in deinen Unterlagen bin ich auf einen Namen gestoßen, den meine Mutter erwähnt hat. Ich habe meinen Zwillingsbruder gefunden. Er hat mich eingeladen. Er hat mir eine Lehrerstelle in Vaala am Oulusee besorgt. Es ist alles so schnell gegangen.

Berta fühlte sich wie erstarrt. Und du hast mir nichts erzählt. Nichts von ihm, von euerm Treffen in Norwegen. Von deinen Plänen. Warum?, murmelte sie.

Es hätte nichts geändert, verstehst du. Es hätte nur Streit gegeben.

Finnland ist ein schönes Land, sagte Berta. Wir können auch dort zusammen leben. Ich kann online arbeiten. Es gibt gar keinen Grund für eine Trennung. Oder doch?

Sie sah ihm in die Augen. Er schloss sie.

Sie sah auf das Papierbild ihres Kindes. Strich mit den Fingerspitzen darüber, nahm es und steckte es in die Tasche ihres Wollkleides.

Erik betrachtete erneut seine Hände.

Gut, sagte er. Es ist zu spät für uns. Weil, ich weiß seit einer Woche erst, wie alles war. Mutter war für ein Jahr in Finnland bei einer Rechtsanwaltsfamilie als Au-pair. Der älteste Sohn war zwei Jahre jünger. Sie waren ein Liebespaar. Sie war schwanger. Die Familie brachte sie in einer Privatklinik unter, bezahlte alles. Sie behielten meinen Zwillingsbruder, schickten Mutter mit mir zurück. Es gab keinen Kontakt mehr. Ich war bei meiner Tante, als Mutter ihr Lehrerstudium machte. Dann zogen wir hierher ... Und jetzt, mein Bruder ist Amtsleiter in Finnland. Es geht ihm gut. Er will uns bei sich haben. Und Mutter: Endlich werden wir eine gemeinsame Familie, sagt sie. Er starrte Berta in die Augen. Ich bin es ihr schuldig, verstehst du?

Nein, sagte Berta.

Was, nein? Sie hat über ein Vierteljahrhundert darunter gelitten ... Erik wedelte mit den Händen. Er traf die Kerze. Sie fiel auf den Tisch, Wachs spritzte auf die Tischplatte, die Flamme erlosch.

Es roch nach heißem Wachs und Rauch.

Berta stellte die Kerze in den Halter zurück. Sie hat dich all die Zeit belogen, das ist es, sagte sie. Du hast mit der Lüge gelebt. Weißt du, ich arbeite als Journalistin, weil ich die Wahrheit herausfinden und aufzeigen will. Wenn man die Wahrheit nicht aushalten will oder kann, geht alles den Bach runter. Bei der Feigheit vor dem Feind wirst du dir selber zum Feind. Es ist eben so, du hast es nicht gelernt, Konflikte auszutragen. Und das ist dann der Anfang vom Ende. Diese gemeinsame Familie, die du jetzt willst, ist das nicht wieder eine Lüge? Und was ist mit uns? Mit deinem Traum von unserer Familie? Was man wirklich liebt und will, gibt man nicht einfach auf.

Berta stand auf, ging ans Fenster, legte die Hände an die kühlen Scheiben.

Draußen wurde es dunkel. Das Licht der Straßenlampe malte milchige Kreise auf das Fensterglas.

Sie spürte die Tränen, die ihr die Wangen herabliefen.

Erik griff nach der Weinflasche, goss sich ein und trank das Glas aus. Siehst du, sagte er dann, ich wusste, du würdest es nicht verstehen.

Ja, ja, murmelte sie. Man kann sich alles zurechtbiegen, wenn man die Wahrheit nicht sehen will. Sie wischte die Tränen ab, drehte sich um, fragte: Und wann geruhst du, uns zu verlassen?

Blödsinn, dachte sie, das hat er schon längst. Wahrscheinlich ist er nie richtig angekommen.

Du siehst also ein, dass es zu spät ist für das Kind?, fragte er. Und als sie ihn nur ansah und schwieg, sagte er: Der Zug geht in zwei Stunden.

Und deine Mutter wartet am Bahnhof, beendete Berta den Satz. Und du wirst ihr vermutlich nichts sagen von unserem Kind. Sie lächelte bitter.

Sie dachte: Man muss akzeptieren, wenn man verloren hat.

Berta spürte, wie sie zu zittern begann. Sie sagte: Es ist besser, du gehst jetzt.

Er atmete hörbar aus. Sein Gesicht entspannte sich.

Berta sah, wie befreit er war, dass sie nicht versuchte, ihn festzuhalten.

Meine Sachen lasse ich abholen, erklärte er.

Er stand auf, griff seine Jacke, zog sie an. Dann wandte er sich um und ging durch die Tür.

Berta sah ihm vom Fenster aus nach. Sah, wie er die Straße überquerte, wie er kleiner und kleiner wurde, bis er in die Nebenstraße einbog und verschwand.

Unglaublich, murmelte sie. Er macht sich tatsächlich von jetzt auf gleich davon. Sie spürte ihr Herz heftig klopfen.

Es hatte zu regnen begonnen. Am Fenster rannen Tropfen herab.

Ich muss etwas tun, dachte sie.

Sie riss das Fenster auf, dann lief sie aus der Wohnung, die Treppe hinunter auf die Straße. Neben dem Ahornbaum blieb sie stehen, in ihrem hellen Wollkleid, im Regen.

Die orangeroten Straßenlampen leuchteten, warfen Lichtflecken auf den Fußweg. Eine Straßenbahn ratterte vorüber.

Eine dunkelhäutige Familie lief an ihr vorüber, nahm keinerlei Notiz von ihr. Und Berta fühlte sich auf einmal verlassen, allein und ausgegrenzt. Und Wut stieg in ihr auf, weil Erik ihr fehlte.

Er ist fortgegangen wie ein Fremder, dachte sie, sah der Familie nach und roch den Duft nach Tagetes, der die Familie eingehüllt hatte.

Ein Duft, der sie an ihre Lieblingsgroßmutter erinnerte, die eigentlich ihre Urgroßmutter war. Und es war, als striche sie ihr übers Haar.

Der Duft von Zärtlichkeit, Geborgenheit und Verständnis beruhigte Berta.

Ich bin hier zu Hause, es ist meine Stadt, ich bin beteiligt an allem, was hier geschieht, dachte sie. Und sie dachte an das Kind und sagte sich: Es ist unsere Heimat. Und ich muss aufpassen, dass es eine Heimat wird, gut und von Dauer für uns beide.

Berta spürte den Regen, der ihr aus den Haaren tropfte und das Kleid durchnässt hatte. Sie begann vor Kälte zu zittern, schob die nassen Haarsträhnen aus der Stirn und stieg in die Wohnung zurück.

Sie stellte sich lange unter die warme Dusche und hüllte sich in den weichen hellblauen Bademantel.

Als sie die Weinflasche und einen Krug Wasser auf den Tisch vor die Schlafcouch gestellt hatte, klingelte es an der Tür.

Berta hielt den Atem an. Einen Moment dachte sie an Erik.

Sie öffnete und Bea stand davor.

Sag mal, wir wollten doch heut den Finnlandreport durchgehen. Dein Handy ist abgeschaltet und außerdem … Wie siehst du überhaupt aus? Bist du in die Spree gefallen?, wunderte sich Bea.

So ungefähr, sagte Berta und lächelte traurig.

Bea ging in die Wohnung, sah sich um: Dein Narziss ist nicht da?

Nein, erwiderte Berta. Er geht gerade in den Weiten von Finnland verloren … Bring mal zwei Gläser mit zur Couch.

Was gibt's denn zu feiern?, fragte Bea.

Berta rollte sich in die Schlafdecke und erwiderte: Was Schönes und was Trauriges. Wie halt das Leben so ist …

Sie weinte los, und es dauerte, bis Berta sich wieder beruhigen konnte.

Ich brauche ein neues Parfüm, sagte sie dann. Das nach Tagetes riecht und Maiglöckchen.

Warum das denn?, fragte Bea. Das sollte wohl jetzt deine kleinste Sorge sein.

Weil …, weil man Heimat zuallererst riechen muss, erklärte Berta und schniefte. Sie lächelte, atmete tief durch und sagte: Mein Kind wird schließlich im Frühling geboren.

Michael Nowka

Tonbandprotokoll

Robert, Matrose der Kriegsmarine, Schlesier, gelangte zum Kriegsende über Umwege und die Demarkationslinie nach Brandenburg. Jene heute sehr alten und letzten Zeitzeugen waren Täter und Opfer einer blutigen Völkerwanderung, wie sie heute ähnlich wieder geschieht. Der Auszug des Tonbandprotokolls will bewahren und mahnen.

Wir Matrosen waren noch an der Küste und wollten heim. Wie das so war. Hickmann und ich, wir waren zu zweit unterwegs. Bei Flensburg, auf der Straße nach Hamburg, überholte uns ein Sankra, ein Sanitätskraftwagen. War das eine „Mühle". Den hat Hickmann angehalten.

„Habt ihr noch Waffen?"

Wir warfen die Pistolen weg. Dann hat der Kerl Hickmann und mich verbunden, damit es nach etwas aussah. So kamen wir mit dem Sankra bis Rendsburg am Kanal. Dort haben uns die Engländer angehalten. Die fingen dort alle Landser ab, die von Dänemark kamen. Sie mussten ihre Waffen auf einen Haufen werfen. Zu den Engländern rief unser Kraftfahrer: „Hospital, Hamburg!"

„No, nix!"

Alle mussten sich vor dem Waffenhaufen hinstellen. Die Engländer sind mit einem Kettenfahrzeug gekommen und wollten die Waffen damit kaputtfahren. Da hat es einen Knall gegeben. Waren die auf eine Panzerfaust gestoßen!? Die Engländer waren verschwunden, und die abgefangenen Landser blieben in Deckung, falls noch was hochgeht. Der Sankra-Fahrer gab Gas, und wir sind bis Hamburg durchgebrettert. Bei dem Fahrer haben wir übernachtet und sind dann am Morgen los. Erst mal nicht zum Russen. Über die Elbe mussten wir schwimmen. Die Brücken waren kaputt. Weiter bis in die Lüneburger Heide.

Auf einmal sagte Hickmann: „Rauch! Ein Haus!"

Tatsächlich. Wir klopften. Nichts. Riefen. Keine Antwort. Dann machten wir die Tür leise auf. Saß doch da ein Engländer. Beine auf dem Tisch und die Maschinenpistole im Anschlag. „Come in, boys!"

Die Engländer im Haus und wir – alle nicht älter als achtzehn bis zwanzig Jahre. Einer von ihnen sollte auf uns aufpassen, mit seiner MP. Hickmann hatte etwas Englisch verstanden, aber nichts gesagt. Dann stieß er mich an und flüsterte: „Du, unser Wachposten liest."

Aber wir konnten doch nicht dauernd abhauen. Sie brachten uns nach Hitzacker. Da waren wir ein paar Tage. Dort gab es nichts zu essen. Dann kamen wir nach Münsterlager. Der große Truppenübungsplatz bei Hannover. Lagen wohl tausend Landser, oder mehr, dort in Zelten. Morgens war Zählappell. Ich weiß nicht, wie die auf mich kamen. Die Marineuniform? Ich kriegte eine grüne Binde und war Lagerpolizei. Aber es gab nichts zu essen! Das Einzige, was wir besuchen konnten, waren Gottesdienste. In einer Scheune fanden wir Zuckerrübenschnitzel. Sackweise! Hickmann sagte: „Jetzt kochen wir uns Sirup!"

Da haben wir Blechbüchsen gesucht und einen Kanister. Im Kanister haben wir die Schnitzel abgekocht. Die größeren Büchsen haben wir unten mit Nägeln durchlöchert. Wie ein grobes Sieb. Mit den kleineren Büchsen haben wir die gekochten Rübenschnitzel ausgepresst. Der Saft lief durch die Nagellöcher und wurde nochmals ausgekocht. Das stank bestialisch. Aber wir haben immer so drei Büchsen Sirup davon rausbekommen. Vom Sirup haben wir jeden Morgen drei Löffel genommen, damit der Magen was hatte. Aber das wurde verboten. Wir durften nachts kein Feuer mehr machen.

Bis es endlich vom Engländer was zu essen gab. Ein kleines Päckchen. Handtellergroß. Das mussten wir uns mit vier Mann teilen. Da hat jeder einen halben Keks gekriegt, mit etwas Schokolade drin.

Dann kam Verpflegung von einer deutschen Bäckerei. Deutsche Soldaten, haben weiter nichts wie Kommissbrot gebacken. Dort kam ich zufällig hin. Einer der Bäcker sagte zu mir: „Kannst dich satt essen, aber nichts mitnehmen!"

Ich habe ein frisches Brot im Ganzen gegessen. Das auf leeren Magen! Anschließend konnte ich nicht mehr leben und nicht sterben! Ich wurde aber wieder. Natürlich gab es im Lager nicht nur Kommissbrot. Mittags eine Kelle Kohlsuppe oder Grütze ins Kochgeschirr.

Auf einmal hieß es: „Alle Jugendlichen bis 21 Jahre werden entlassen. Aufstellen in Reihe. Wo sind Sie her? Schlesien? Sie werden nicht entlassen! Nach Göttingen. Landwirtschaftseinsatz!"

Dem etwas älteren Hickmann gab ich meine grüne Binde. „Kannst doch Englisch. Bringst es zu was hier ...", tröstete ich ihn. Im Arbeitsamt Göttingen haben die Bauern schon bereitgestanden. Alles alte Opas, die dort lauerten. Zwangsarbeiter weg, Söhne und Knechte gefallen oder irgendwo in Gefangenschaft, wie das so war. Ich kam zu einem nach Mengershausen. Ich weiß nicht mehr, wie der Bauer hieß. Ein Ganove! In der Räucherkammer habe ich übernachtet und das Essen war mies. Von der Landwirtschaft hatte ich keine Ahnung, als abgebrochener Kaufmannslehrling. Der Bauer hat mir gezeigt, wie's gemacht wird. Ich habe die Pferde und Bullen gefüttert, bei den Kühen ausgemistet. Mit der Sense gemäht und immer die Spitze in den Dreck gehauen, zum Anfang. Aber mit der Zeit habe ich alles gelernt. Auch die Jauche musste aufs Feld. Bei Regenwetter. Durch die Nässe bin ich krank geworden. Hatte ein steifes Genick. Die Bäuerin hat mich mit Schmalz eingerieben.

Ein Stinkstiefel, der Alte. Hatte seine eigene Tochter enterbt und rausgejagt, weil sie keinen Bauern geheiratet hat. Die wohnte nebenan. Wir haben uns mal unterhalten, so über'n Zaun.

„Ach, Sie sind bei meinem Vater?"

„Wieso?"

Da hat sie mir die ganze Geschichte erzählt.

„Und wie ist es nun?“

„Naja, Verpflegung ist schlecht, die Räucherkammer finster. Merke nicht, wenn es hell wird. Wummert der Alte an die Tür. Dann weiß ich's.“

„Kenne ich alles, von den Knechten“, sagte sie und gab mir einen Tipp. Und so habe ich die Nester, welche die Hühner nebenbei hatten, abgesucht. In der Scheune und im Stall. Die Eier habe ich gleich an Ort und Stelle ausgeschlürft. Die Bäuerin hat es wohl gemerkt, aber kein Wort darüber verloren.

Als ich schon selbst wie ein Räucherschinken roch, sagte ich: „Chef, ich hör auf!“

Das war im Juni. Also die Ernte hab ich noch mitgemacht. Der Hafer war umgefallen und ausgewachsen, weil es so geregnet hat. Sah aus wie eine Wiese, das Feld. Nach ein paar Sonnentagen Sommerraps laden! Die Frau auf dem Wagen. Ich hab ihr die Rapsgarben mit der zweizinkigen Ernteforke zugereicht. Der Bauer hat die Pferde an der Leine gehabt: „Hühott, hühott“, und so weiter. Haste, was kannste.

Die Scheune war hinten auf dem großen Vierseitenhof. Mit Karacho um den großen Misthaufen in der Mitte. Da ist die Fuhre, mit der Frau obenauf, umgekippt. Die Rapskörner sind ausgelaufen. Rollten über den ganzen Hof in alle Ritzen und Winkel. Auf dem Misthaufen die umgekippte Rapsfuhre. Von der Frau haben nur die Beine rausgesehen. Die mussten wir rausziehen.

„Selber schuld, schief geladen“, schimpfte der Grobian, obwohl er ihr kaum Zeit zum Packen gelassen hatte. Arme Alte. Da bin ich dann abgehauen. Muss so im Juli gewesen sein.

An der Demarkationslinie zwischen Ost und West standen Soldaten. So viele Soldaten, die alle rüber in die Ostzone wollten, wie ich. Ab und zu kamen Engländer. Sie unterhielten sich mit deutschen Soldaten und ließen sich fotografieren. Ich hab' mich abseits gestellt, mir gedacht, das muss nicht sein.

Die von drüben aus der Ostzone kamen, haben gräuliche Dinge erzählt, was ihnen bei den Russen passiert war. Aber ich wollte nach Hause. Zur Schwester in Brandenburg erst mal. Wir waren ungefähr dreißig Mann.

„Heute Nacht gehen wir rüber“, hieß es.

Da kam noch einer und sagte: „Jungs, ich war Spähtruppführer gewesen. Ich bring euch rüber!“

Spähtruppführer! Besser konnten wir es nicht treffen!

Nachts gegen halb elf ging es dann los. War das ein Mondschein. Hell, die Sicht weit, alles prima. Wir kamen schnell voran. Der Mann verstand sein Fach. Wir gingen und gingen. Mensch, auf einmal: „Stoooiiii!“ Und dann Gewehre!

Abhauen? Nee, die hätten geschossen. Haben uns an so einen Koppelzaun gedrängt. Zwei Russenbengel, nicht älter als wir. „Alle Wertsachen abgeben!“ Ich hatte meine Armbanduhr und andere Wertsachen im Brustbeutel gehabt. Die ihre Armbanduhr umhatten und Wertsachen in den Taschen, die mussten alles abgeben. Meinen Brustbeutel fand der Durchsucher nicht. Bloß einen weißen Kamm, den ich in der Hosentasche trug, so'n schönen weißen Kamm mit 'ner Goldschrift. Den hat er mitgehen lassen. Dann haben die sich beraten. Wir auch. Wir haben uns gesagt, wenn jetzt eine Wolke kommt, verschwinden wir! Noch mal in Gefangenschaft gehen? Auf einmal: „Nasad, nasad – puschki nasad!“

Nasad? Nasad heißt „zurück“ bei denen. Kannte ich von Schlesien. Ich sagte zu den anderen: „Mensch, die schicken uns wieder zurück, den ganzen Weg.“

Nun standen wir wieder da wie vorher. Doch es kam wieder einer.

„Wo wollt ihr hin? Ich bring' euch rüber!“

Wir haben dem erzählt, was uns passiert ist.

„Ihr müsst morgens gehen. Da sind die alle besoffen." Morgens um vier, der Mond war weg und kein Russe weit und breit, da sind wir durchgelaufen bis nach Heiligenstadt, von dort nach Halle. Da sag' ich: „Und jetzt will ich nach Brandenburg."

„Da kommt ihr nicht durch. Ihr müsst nach Magdeburg", hieß es.

So sind wir nach Magdeburg gekommen. Der Bahnhof kaputt. Durch Magdeburg bis zur Elbe. Die Elbbrücke zerstört. Über eine Pontonbrücke ging es mit dem Bus nach Biederitz zum Bahnhof. Dort waren einige Hundert Soldaten, aber kein Zug, nichts. Ich ging den Bahnsteig entlang und guckte mir alles an.

Ich bin jung und die auch, waren auch alle an der Front, dachte ich noch so. Dahinten, der Eine, Ältere, hinterm großen Brombeerbusch, an der Böschung. Saß auf'm dicken Rucksack und machte so, mit'm Zeigefinger: Komm her!

Sagte ich mir: Was will der? Was ist das für einer?

„Junge, wo willst'n hin?" Ich sagte es ihm.

„Komm her! Setz dich hier hin! Ich will ooch nach Brandenburg, bin Brandenburger. Fahr hier öfters die Strecke. Wo willste da überhaupt hin?" Der hat ja gehört, dass ich aus Schlesien und fremd bin. Ich kam zu keiner Antwort mehr.

„Pass auf, was jetzt passiert, gleich geht es los."

Da hörte ich's auch schon, das Brummen. Lkw? Die Russen kamen mit fünf Lastern vorgefahren. Sie haben alle aufgeladen, die auf dem Bahnsteig standen. „Dawai, dawai!"

Weg waren sie! Alle. Hinter dem Brombeerbusch haben die Russen uns nicht gesehen. Bald danach kam der Zug. Da sind wir eingestiegen. Kurz vor der Stadt Brandenburg stand der Zug vorm Haltesignal.

„Das Signal zieht der Bahnhofsvorsteher extra. Aber nur kurz, für die, die das kennen. Am Bahnhof warten die ‚Dawais', weißt schon."

Wir stiegen mit anderen Brandenburgern, die sich kannten und grüßten, aus. Der Schieber, also mein Schleuser, beschrieb mir den Weg zum Wohnort meiner Schwester. Ich wurde dort Feldwächter mit Knüppel und dann Polizist eben. Ich habe es bis zum Abschnittsbevollmächtigten gebracht. Die gute Frau ist inzwischen gestorben, Kinder sind groß. Wie das so ist …

Einfach so
Der Fall der Grenze,
das war:
ich ging um den
Ratzeburger See
ganz herum,
einfach so.

Daran werde ich
mich nicht so bald
gewöhnen,
hoffentlich nie.

Wollt ihr …?
Wir dachten, wir hätten
Die totale Grenze.
Als sie fiel, zeigte sich
Eine viel totalere.
Die DDR trennte Menschen und Sozialismus.
Die Grenze trennte Menschen von Menschen.
Der Kapitalismus trennt
Den Menschen selbst.

Aphorismen
Aus der Ferne, dort, wo sie in Sichtweite lag, winkten Hände.
Als nach dem Ende der Ferne aus der Nähe sich die einen Hände als ziemlich voll, die anderen ziemlich leer zeigten, hörten ziemlich viele ziemlich auf zu winken.

Der Staatssicherheitsdienst diente der Sicherheit des Staates vor dem Volk. Es gab andere, die der Sicherheit des Volkes vor dem Staat dienten. Aber für die hatte, als die Wahlen schließlich entsichert waren, das Volk kaum Stimmen übrig.

Eine wie lange Mauer Berlin geteilt hatte, und wie große, das ist erst richtig klar geworden durch den Verkauf ihrer Stücke.

Bei mir
In meiner Heimat ist die Nacht eine Flucht zum Paradies
der Tag wie eine Schlacht Napoleons

Am Sonntag aus dem brennenden Busch
sah ich das Antlitz meines Gottes
während der Woche kämpfte ich mich
durch die Botschaft von Jesus
um mich unerwartet
in Warschaus Synagoge zu finden
und den Schatz im Jüdischen zu entdecken

In meinem Land will ich das Sanfte
der wehenden Brise
in einer Hitze fühlen brennend wie starker Kaffee
um Erinnerungen an Vilnius zu schreiben

In meiner Welt ist es wichtig
und egal ob in Warschau oder Lübeck
ich bin immer in Bruderschaft mit meinem Europa

Der Moment, in dem du nicht umkehren kannst
Ich frage den, der immer in der Mitte steht, ist es wahr,
wenn jemand von einem Punkt
am Ufer der Oder weggeht, wird er die gleiche Stelle
am Ende erreichen?
Er antwortete heldenhaft, ohne sich um unsere Existenz
zu kümmern, ich weiß es nicht.

Ich frage die Menge in der Breiten Straße und der
Długa Straße in Danzig.

Sie beide sind jeweils beteiligt in dem Fall, wie ich vermute,
sie kennen so die Antwort.

Sollte ich geradeaus gehen, mich vielleicht nach links
wenden oder besser nach rechts?

ICH HÖRTE

Lasst uns am Alten Markt treffen. Lasst uns die
Hände heben, uns befreien.
Vergesst die Angst. Findet zuverlässige Energie zum Lachen.

Schließt nicht das Problem ein, in der geballten Faust,
in dem politischen Lärm,
in den Beruf der Soldaten.

Du, im hanseatischen Rathaus, bewundere unsere
freudigen Augen, unsere Dichtung
ohne den Irrsinn der Befehlshaber, unser Verhalten
ohne Rache.

Die Hoffnung ist im Lübecker Marzipan und im
Gold Danziger Bernsteins.

Mann ohne Angst im Gesicht, im Triumph
des großen Atems.

Einzig bis jetzt ist der menschliche Glaube im Einfühlungs-
vermögen, im Verstehen, im Mitgefühl. Befreit uns
von Isolation, Konflikten, den Verdächtigungen
und endlich werden wir fröhlich lachen.

Es wird keinen Tropfen Blut geben auf beiden Seiten
der Grenzen.

Wir sind nicht bereit
Wir spotten über den Raum

Schauend auf frühlingshafte entblößte Hinterbacken
Bilden wir Gedanken

Wir suchen natürlich Freundschaften Kontakte
Und tiefe Blicke in unsere schönen Augen

Jemand übersendet in der Beziehung zu uns bösartige
Signale
Also ändern wir diesen endlosen Lauf

Wir entwerfen hartnäckig kluge Universitäten
Wir errichten große Stadien zum Stressabbau

Und doch ist die Hauptrolle im Drama dieses Lebens
Unsere Unfähigkeit zur Vollkommenheit

Der Meister gab uns eine Existenz weitergehend müssen
wir selbst
Den Sinn des Todes finden

Meine Steine
Meine Steine fangen irgendwann an
über eine erzwungene Linkshändigkeit
authentisch zu sprechen

Sie werden mich wohl auch zweisprachig
mit der deutlich polnischen Betonung
freundlich begrüßen

Wir werden uns über die Zeit unseres
gelähmten Schweigens in der Nacht berichten
mit Fragen werden wir uns bilden

Am Morgen wird uns die Sonne Freundschaft schwören
Wir werden zum Strand gehen um andere noch nicht
sprechende Steine zu sammeln

Pan prosze chleb

Hunger im Krieg beraubte ihn der kindlichen Freude
im Jahre 1945 ging er nach Prag
seine Mutter war auch in der Menge der Vertriebenen

als sie schon die dritte Woche von Breslau unterwegs
waren wo das Haus niedergerissen wurde und es kein
Zeichen
vom Ehemann und Vater gab
weil sie alles in Eile verließen
später fiel er neben einen auf dem Weg arbeitenden
Menschen
wie es sich zeigte einen Umgesiedelten aus Vilna
der ihm schnell ein schwarzes Brot in die Hände drückte

Jürgen erzählte mir die Geschichte im Jahre 2001
und versicherte dass er bis zum Ende in sich diese
herrliche menschliche Geste tragen wird und die polnischen
Worte die er damals sagte: pan prosze chleb

Adam

Mein Freund ist Jude er wohnt
In Jersey und hat die Internetadresse
Yahoo@.com man trifft ihn in Łodz
Auf der Piotrkowska Straße und in der Redaktion
der *Tygiel Kultury*

Seine Gedichte über die Kindheit in Auschwitz sind
Für mich ein Gefängnisgitter kennengelernt von der
anderen Seite

Obwohl er vor ein paar Dutzend Jahren einen Befehl bekam
Zur Ausreise nach Israel begriff er nach dreiunddreißig
Jahren
Am 11. September 2001 dass er auch ein erwachsener
Amerikaner ist
Polen war für ihn immer eine Heimat

Was er für ein Ehemann und Vater ist das weiß ich nicht
Weil mich bis jetzt kein Überschallflugzeug
Zu seinem herrlichen amerikanischen Haus trug

Ich weiß aber dass seine reine Poesie
Auf diese und andere Fragen antwortet
Die von denen gestellt werden deren animalischer
Naturtrieb
Diese Art Probleme zu schlucken befiehlt

Vor zwei Jahren ging er in die katholische Kirche
Er polnischer Jude Hand in Hand mit mir polnischem
Deutschen
Auf den Knien verbeugte er sich vor dem Herrgott und
Christus

Als der Chor aufhörte deutsche Lieder zu singen
Weil die Sache im Bezirk Oppeln geschah
Las er ergriffen sein Gedicht aus dem Band *Leben gegen den
Strom* vor
Und ich wusste schon dass ich auf seine herrliche
Anwesenheit in meinem Europa warten werde

I-PUNKT

Menschen bauen Häuser
familiäre Nester eine Terrasse zum Garten hin
jenseits vom Rasen einen hohen Zaun
kaufen Hunde bauen Alarmanlagen ein
fürchten die Nachbarn
Länder bauen das Vaterland
Schaffen kulturelles Erbe und angeblich nur soziale Leitern
bilden politische Parteien sichern Grenzen
fürchten den Nachbarn

Nationen bauen Menschlichkeit
schaffen Zivilisation
den glückstrahlenden intellektuellen Kader
verbinden Kontinente und globalisieren
Gesellschaften reichen sich die Hände
wir fürchten den Nachbarn

die Welt baut die Kriegsmaschinerie
im Laufe von Jahrhunderten
jetzt erleben wir gemeinsame Verantwortung
was nützt es wenn einige von uns
in ihren Händen halten den Punkt auf dem I
den atomaren Koffer

Nicht unser Leid

Entferntes Leid erleichtert
Nicht das Empfinden
Im eigenen Universum

Schmerz obwohl er global ist
Dringt immer öfter
In unseren Privatinkubator ein

Nur die große Freundlichkeit
Des Herrgotts ermöglicht uns
Die Mägen satt zu füllen

Hunger obwohl er auch global ist
Klopft oft an die Welt
Regierender Funktionäre
Mit der Frage um einen Platz
Für sich in unserer Welt

Mord ist auch global
Dieses feurige Flüstern
Uns gilt es nicht
Ist von denen inszeniert
Die auch töten

Solidarität ist auch global

Ich bin verantwortlich für dich
Du bist verantwortlich für mich

Doris Runge

promenadenbank
sie ist die letzte
in der reihe
der lackweißen
und blättert ab
besetzt den
außenposten
das ende des
zivilisierten wegs
angrenzend schon
wildes camperland
sie schaut
wie alle aufs meer
sie wartet wie alle
promenadenbänke
auf flaneure
in weißen
leinenschuhen
und gestreiften
sommeranzügen
sie ist begehrt
unbeleuchtet
und immer noch
stabil

das andere ufer
in gelbe
taubnessel
getaucht
weiden mit
nassen füßen
immer wieder

wird etwas flügge
im schilf
fliegt davon
kehrt heim
und sieht
gelbe staubnessel
das andere ufer
weiden mit
nassen füßen
den wartenden
engel im schilf

nicht angekommen
ein punkt
auf der karte
eine winzige vertiefung
in der seele
bedeckt vom brei
erinnerung
was niemals war
nimmt überhand
im kindheitsalb
traummärchen
die augen weiden
fremdes land
mir schlägt das herz
von baum zu
schlagbaum schneller

brücke
zehn schritte
und noch immer zurück
von einem ins andere
dort reden steine
anfang und ende
hier seh ich
vom ende den anfang
schnee kommen und gehen
noch wechsel ich
beizeiten
die stiefel

königskinder in rothenhusen
am ziehenden wasser
schweigen wir
am anderen ufer
raubvögel verlassen
menschliche schatten
die horste
am fluss
die brücke
erstarrt im sprung
unter uns fließt
was trennt vereint

lieb schwester
wie milch dein haar
dein häubchen
weich der brei
dreh dich nicht um
sieh mich nicht an

mit einem blick
schwarz und weich
und warmes tuch
dreh dich nicht um
sieh mich nicht an

noch lieg ich mit dem
kopf zum land

standort
der kreis wird enger
der graben tiefer
der schlammgrüne gürtel
zur schlinge
nicht erreichbar
leiert die stimme
auf dem band
kann sein dass selbst
die verlässlichen standfesten
heimlich wandern
nachts näher rücken
mit schwarzen stämmen
dass der klopfer kein specht ist

Till Sailer

Grüne Grenze

Die kleine Schar, die morgens in dem anhaltinischen Dorf Holthausen aufgebrochen war, strebte schweigend dem schützenden Wald zu. In der Mitte, alle anderen überragend, ging Beckmann, der Schmied. Seit Anfang Juli verdiente er sich am Wochenende ein Zubrot, indem er mit angereisten Städtern in den Wald zog. Angeblich sammelte man Beeren und Pilze. In Wirklichkeit schleuste er aber Leute in die englische Besatzungszone. Alle hielten Kontakt zu dem wortkargen Hünen, dem sie sich für Stunden rückhaltlos anvertraut hatten.

Dr. Lisa Abel kannte Beckmann und seine sonntägliche Route von einem früheren Grenzgang. Sie half ihrer Freundin Rose, nach Niedersachsen zu kommen, wo sie als Lehrerin in einem Landschulheim anfangen wollte.

Wie ein schüchternes Kind suchte Lisa Beckmanns Nähe und tat alles, ihn bei Laune zu halten. Denn am Vorabend, als Rose mit dem Jungen eingetroffen war, hatte es Ärger gegeben.

„Kinder sind zu gefährlich", war Beckmanns Devise. „So war das nicht abgemacht."

„Wir bezahlen den vollen Preis", hatte Lisa versprochen und hinzugefügt: „Außerdem ist Peer schon halb erwachsen."

„Dass ich nicht lache."

„Ja, ein halber Erwachsener", hielt sie dagegen. „Ich, als Pädagogin, kann das beurteilen."

Es hatte seine Zeit gebraucht, bis die zierliche Frau den kraftstrotzenden Mann zum Nachgeben bewegte.

In der Nacht, die man auf Strohsäcken in der Scheune verbracht hatte, redeten die beiden Frauen auf Peer ein. „Dieses eine Mal", verlangte die Mutter, „musst du den

Mund halten. Wenn einer aus der Reihe tanzt, sind wir alle dran."

Doch nun, als sie auf dem verwachsenen Feldweg vorwärts hastete, fürchtete Rose mehr das eigene Versagen. Die Angst saß ihr im Nacken. Sie war heilfroh, dass sie kein Gepäck schleppen musste. Das hatte Beckmann verboten. Fast alles, was Rose aus Thüringen hergeschafft hatte, war in Holthausen geblieben. Auf dem Rückweg, wenn Peer in Neufels untergebracht war, musste sie es wieder mitnehmen. Das Einzige, was die Frauen und Männer an dem diesigen Morgen bei sich trugen, waren Kochgeschirre, Becher und kleine Spankörbe, zur Hälfte gefüllt mit Heidelbeeren oder Pfifferlingen, die man vorher besorgt hatte.

Die Grenzpatrouillen der Russen waren nahezu unberechenbar. Aber der Schmied hatte herausgefunden, dass die beiden Postenführer, die den Abschnitt bewachten, sich gegen neun Uhr zum Frühstück trafen und nach einer halben Stunde in entgegengesetzter Richtung davonzogen. Doch die Zeiten schwankten und manchmal fiel das Frühstück ganz weg. Man musste also auf Überraschungen gefasst sein.

Als die Gruppe den Wald erreichte, gab Beckmann eine Order aus. „Ausschwärmen!" verlangte er. „Beeren und Pilze sammeln. Aber keine Messer!" fügte er mit Nachdruck hinzu. Dabei hatte er schon beim Aufbruch jeden der Grenzgänger untersucht. Jedes Messer, das bei einem Zwischenfall gefunden wurde, konnte zur Verhaftung führen.

Rose verließ den Weg und hielt nach Heidelbeerkraut Ausschau, den Anführer nicht aus den Augen lassend. Lisa folgte ihr und bemühte sich um ein unverfängliches Gespräch.

„Das Wetter ist ein Geschenk", säuselte sie.

Beckmann hatte am Vorabend gefordert, man solle sich im Wald ganz natürlich geben und spöttisch gemeint: „Ihr könnt ruhig schwatzen, so wie ihr Städter das immer tut."

„Es hätte auch regnen können", sagte Lisa nach einer Weile. „Wer geht bei Regen in die Pilze?"

„Ihr quatscht ja selbst!" protestierte Peer, verstummte aber gleich, weil sich Beckmanns Blick auf ihn heftete.

„Hier sind Heidelbeeren", flüsterte Rose ihm zu. „Streng' dich an. Die oberste Schicht im Becher muss frisch aussehen."

Ohne Widerrede zupfte er die reifen Beeren vom widerborstigen Gesträuch.

„Wie steht es um Professor Petersen?", fragte Rose ihre Freundin. Beide hatten bei dem Reformpädagogen Peter Petersen in Jena studiert.

„Ja", sagte Lisa lang gezogen und sah bedeutungsvoll zu Rose. Sie wirkte unter ihrem Kopftuch richtig zünftig. Offenbar wollte sie kein wirkliches Gespräch. Rose argumentierte im Stillen gegen zu viel Vorsicht. Die Posten konnten sowieso nichts verstehen. Warum also nicht von der Universität reden?

„Professor Petersen ist krank", sagte Lisa und bückte sich wieder zu den Beerenbüscheln. „Wenn es zu schlimm wird, geht er auch noch über die Grüne Grenze." Im Studium waren sie Konkurrentinnen gewesen. Danach wurde Lisa Assistentin von Petersen, während Rose heiratete, die Universität verließ und drei Kinder bekam. Nach dem Krieg hatte sie sich dann im Osten vergeblich um eine Lehrerstelle bemüht. Wegen ihres Mannes galt sie als belastet.

„Wie krank?", fragte Rose.

„Wirklich schwer krank", erwiderte Lisa. „Er nimmt alles zu persönlich."

Rose streifte mit geübter Hand Beeren vom Kraut und ließ sie ins Kochgeschirr gleiten. Beckmann ging voraus und sondierte das Terrain. Dann gab er Handzeichen. Die Gruppe sollte unmerklich nachrücken, was von den meisten befolgt wurde.

„Eine Kollegin deines Vaters", setzte Lisa fort, „macht Petersen das Leben schwer. Sie ist der einzige weibliche Minister in ganz Deutschland. Eine Frau Thorhorst von der Volksbildung. Die hat den Teufel im Leib."

Rose hatte davon gehört. Ihr liberaler Vater, der als einstiger Rechtsanwalt noch ein wenig im Thüringer Ministerium aushalf, hatte es erwähnt.

„Und?", fragte sie, um das Gespräch fortzusetzen.

„Sie will Petersen um jeden Preis entlassen. Er soll mit den Nazis, na du weißt schon."

„Was so nicht stimmt."

„Als ob es denen um Wahrheit ginge."

Rose fiel ein, dass Lisa noch immer mit ihren Plänen hinter dem Berg hielt. Wollte sie nun drüben arbeiten oder im Osten weiter dem verehrten Professor beistehen?

„Warum gehst du nicht mit nach Burg Neufels?", fragte sie. „Ist dir eine Internatsschule zu billig?"

Lisa sah in die Runde. Sie fürchtete unerwünschte Zuhörer. Ehe sie antworten konnte, brachte sich Peer in Erinnerung.

„Grüne Grenze", meinte er. „Was bedeutet das überhaupt? Gibt es auch eine rote?"

„Jetzt nicht", verlangte Rose, wogegen Lisa sich um eine verständliche Antwort bemühte.

„Grün, weil sie im Wald versteckt ist."

„Quatsch!", erwiderte Rose. „Sie kann überall verlaufen."

Peer war jedoch mit Lisas Antwort zufrieden. „Hier gibt es überhaupt keine Russen", sagte er. „Warum brechen wir nicht einfach durch? Brrmm!" Er imitierte ein Panzerfahrzeug, das, aus dem Unterholz kommend, zur Attacke übergeht.

„Peer!", rief Rose mit unterdrückter Stimme. Sie wusste Beckmann im Rücken. Und wirklich kam der Hüne sofort her und packte Peer mit seiner gewaltigen Hand an der Schulter.

„Ich brech' dir alle Knochen!", zischte er und grinste mit zusammengebissenen Zähnen. „‚Halber Erwachsener', meint die Pädagogin", murmelte er verächtlich zu Lisa.

Peer wollte sich losmachen. Aber Rose fasste ihn so hart am Arm, dass er aufgab.

„Dort bei den Freimaurern kannst du rumschreien." Beckmann wies ins Waldinnere. Offenbar meinte er damit die Schule in Burg Neufels. „Hier hab ich das Kommando, verstanden?!"

„Warum nicht?", antwortete Peer kleinlaut. Er zeigte den Becher, der bis zum Rand mit Blaubeeren gefüllt war.

„Wir können dann", meinte der Schmied im Abdrehen und stakte durch das hohe Gras zu einem anderen Grüppchen.

„Wir können", flüsterte Rose aufgeregt zu den beiden anderen. Das hieß, es ging los.

Nach und nach kehrten die Sammler auf den Weg zurück. Die Gruppe, die sich wieder um Beckmann formierte, kam allmählich in Gang.

Rose zitterte vor Angst. Diesen Martergang sollte sie nun noch zweimal wiederholen. Unvorstellbar. Sie kam sich wie eine Katze vor, die ihre Jungen, im Maul tragend, eins nach dem anderen in Sicherheit bringt. Sie dachte an Ulrich und Clemens, die bei den Großeltern warteten. Wie schwer würde es werden, den Kleinsten im Wald zur Ruhe zu bringen. Und jedes Mal konnte es schief gehen. Außerdem war die Anstellung noch nicht sicher. Vielleicht kam auch in Neufels eine Ablehnung.

Sie wollte sich die Katastrophe nicht ausmalen. Aber eine Frage ließ ihr keine Ruhe. War es richtig, was sie tat? Was hätte ihr Mann dazu gesagt? Er, der die letzten Kriegstage nicht überlebte, lag nun schon drei Jahre lang irgendwo in deutscher Erde.

Zur Ablenkung kam Rose auf Lisas Pläne zurück.

„Du kommst also nicht mit nach Neufels?"

„Nein", antwortete Lisa. „Ich gehe nach Braunschweig, zur ‚Pädagogischen Hochschule'. Aber ich besuche deine Kinder, sooft ich kann."

„Du kommst nicht mit zurück?", fragte Rose erschrocken.

„Nein, unsre Wege trennen sich gleich hinter diesem Wald."

„Und was wird mit dem Ausweis?" Rose konnte ihre Angst nicht im Zaum halten. Der Grenzführer hatte allen die Ausweise abgenommen. Er trug sie, zusammen mit einigen Wertsachen, in einem Brustbeutel unter dem Hemd. Angeblich eine Sicherheitsmaßnahme. Doch Rose traute dem Frieden nicht. Ohne Ausweis sah sie ihre zwei Jüngeren nie wieder.

„Du bekommst deinen Ausweis", flüsterte Lisa. „Der Mann ist verlässlich."

„Ich sterbe vor Angst", gestand Rose und versuchte dabei ein Lächeln. Es beunruhigte sie, dass sie bei einer Festnahme behaupten sollte, sie habe ihre Papiere vergessen. Sie hatte sich immer viel darauf zugutegehalten, dass sie nicht lügen konnte. Aber jetzt war diese Tugend recht hinderlich.

„Zwei Dinge musst du können", hatte Lisa am Abend immer wieder versichert. „Lügen und keine Angst haben."

„Ich hab doch keine Angst", meinte Rose nun salopp. Lisa prustete. Ermahnende Blicke von allen Seiten ließen sie verstummen.

Sie erreichten eine Feuerstelle, die noch rauchte. Es roch nach Urin. Im Gras lag eine leere Flasche ohne Etikett. Papierfetzen mit kyrillischer Schrift bestätigten, was alle vermuteten. Beckmann prüfte sachkundig den Rastplatz. Er stocherte in der Asche, schnupperte an der Flasche, zählte die Zigarettenkippen.

„Alles in Ordnung", meinte er dann. „Hier verläuft die Markation."

Rose und Lisa sahen sich kurz an. Er meinte die Demarkationslinie.

„Los jetzt!", rief er und legte ein forsches Tempo vor. Die beiden Frauen nahmen Peer in die Mitte und schritten kräftig aus.

Plötzlich hallte ein Schuss durch den Wald. Rose rang nach Luft. Es war, als berste ihre Lunge. Ein zweiter Schuss folgte. Sie sackte in sich zusammen und murmelte: „Ich hab es geahnt." Das Herz schlug ihr im Hals. Sie umklammerte mit beiden Händen den Arm von Peer. Der Junge zog sie mit aller Kraft nach oben. Lisa zog am anderen Arm. Rose musste sich wohl in allen Einzelheiten vorgestellt haben, wie ihr der Junge entrissen wurde. Sie weinte hemmungslos.

„Halte durch", flüsterte Lisa.

„Was du nur hast?", sagte Peer nahe an ihrem Ohr. „Es ist weit weg, mindestens zwei Kilometer. Das haben wir bei den Pimpfen gelernt."

„Keine Beunruhigung", meinte Beckmann laut vernehmlich. „Das sind etwa zwei Kilometer."

Rose schüttelte sich. Sie fror. Der Schreck saß ihr in den Gliedern. Langsam stand sie wieder aufrecht.

„Ich habe …"

„… überhaupt keine Angst", setzte Peer fort.

Lisa hielt die Hand vor den Mund.

„Nicht!", bat Rose. „Wir dürfen nicht lachen."

„Angst?", meinte Peer, ihre Stimme nachäffend. „Kenne ich gar nicht."

„Bitte!", flehte sie und wischte sich die Tränen ab.

Peer probierte sein wieherndes Triumphlachen.

„Gleich ist es geschafft", ließ Beckmann von hinten vernehmen.

Rose raffte sich auf und trottete los. Alle drei stapften über den moosbedeckten Waldboden. Die Grenze lag bereits hinter ihnen. Doch sicher konnte man erst beim ersten Gehöft sein.

„Hier sprechen die Bäume englisch", flüsterte Peer in Roses Richtung. „Welcome! Come here, please!"

Lisa lachte in sich hinein. Rose reagierte nicht. Bei ihr wollte sich keine Erleichterung einstellen. Ein gelber Schleier schimmerte hinter den Bäumen. Der Wald lichtete sich. Wenig später standen sie auf freiem Feld. Kornfelder, soweit das Auge reichte. In einer Senke lag ein einzelner Bauernhof. Ein Hund bellte. Schwalben stürzten schreiend herab. Es schien so, als wollten sie ihre Köpfe berühren.

Seitlich entdeckte Rose ein Dorf mit einem klobigen viereckigen Turm.

„Hier geht es nach Burg Neufels, junge Frau", sagte Beckmann und reichte ihr den Ausweis. „Wir müssen zum Bahnhof." Er winkte Lisa zu sich. „Bis nächsten Sonntag. Seien Sie pünktlich."

Rose umarmte Lisa. Sie schaukelte mit ihr einige Male hin und her.

„Alles Gute", sagte Lisa und machte sich los.

„Dir auch." Rose sah in die Runde. Als Kind hatte sie sich genau so die Freiheit vorgestellt: Aus dem Wald treten, weiten Ausblick gewinnen, tief durchatmen.

„Viel Glück!", rief Lisa, sich entfernend.

Rose wankte mehr, als dass sie ging. Sie wollte sich freuen, doch es gelang nicht.

Das ist nicht die Zeit für Glück, dachte sie, und fasste den Jungen fest an der Hand.

Romy Salvagno

An der Fremdheit gelauscht

Im Vorübergehen
sah er nur den Blick
wortlos und fremd
im Augenfenster einer Burka

vor seinen Füßen gurrte laut
und gierig eine Taube

wohl angeregt von den Kontrasten
auf heimischem Asphalt
dem unbekannten Zauber
im Blick der fremden Augen

ließ er Gedankenbilder reisen
wie blinde Passagiere
im Orient-Express

vorbei am hellen Licht
des Morgensterns
vom Wüstensturm umweht
wie eine leichte Berührung
mit anderen Kulturen

an der Fremdheit gelauscht
und wieder zurückgekehrt
ein Abendstern
unbeirrbar auf seinem Weg.

Der lange Weg …

Jeden Tag sagt sie
jeden Tag
gehe sie den langen Weg
zur Grenze und zurück

da liege etwas auf dem Weg
etwas das auf sie wartet
und sie begleitet

ich nenne es Morgenland
sagt sie
weil doch alles einen Namen hat
und mir ein anderes Wort
nicht über die Lippen will

stolz trägt sie
Rosenblätter im Haar
weiße Rosen
getrocknet zwischen den Seiten
ihres Tagebuchs
so umweht sie täglich ein Duft
aus vergangenen Tagen

sie trägt einen Namen
der für uns so fremd
wie für sie das Land
in dem jetzt ihre Insel liegt

Morgenland
sagt sie noch einmal
Morgenland.

Zwischen den Meeren
Wenn du die Sandkörner befragst
die dich umwehen in dem Land
das zwischen den Meeren liegt

wenn du sie fragst
warum sie schwarzkörnig
zwischen dem ockerfarbenen Sand
der Nordstrände
sich angesiedelt wie Migranten

werden sie dir erzählen
von der Dürre auf ihren Feldern
den ausgetrockneten Flussbetten
vom grenzenlosen Flug

über den Ozean
ist Afrika
nur einen Sandsturm entfernt.

Hartmut Schatte

Grenz-Erfahrung

Es wäre eine Lüge, wollte ich behaupten, dass meine Frau und mich die Nachricht des Politbüromitglieds Günter Schabowski am 9. November 1989 in einen Freudentaumel versetzt hätte. Demnach sollten alle DDR-Bürger ab sofort ungehindert reisen können, wohin sie wollten. Da man ostwärts seit Jahrzehnten reisen durfte, kamen bei nüchterner Überlegung nur Devisenländer infrage. Ungläubiges Staunen, denn die weitreichende Konsequenz überschauten wir nicht. Nein, zu denen, die immer schon alles gewusst hatten, gehörten wir nicht. Trotz intensiver politischer Schulung versagte an jenem geschichtsträchtigen Tag dem geschulten Pädagogen die gesellschaftliche Weitsicht. Ein ganzes System, ein unersetzlicher Stabilitätsfaktor des Status quo sollte sang- und klanglos von der Bildfläche verschwinden? Unmöglich!

Als unser Wohnungsnachbar, deutlich praktischer veranlagt als ich, am nächsten Morgen von der Wahnsinnsnacht in Berlin berichtete, gingen auch bei uns allmählich die Lichter an. In den Schulen brach das blanke Chaos aus. Eltern verteufelten das sozialistische Schulsystem, Schüler erschienen nicht zum Unterricht, aßen und tranken in den Lehrstunden nach Belieben, kamen und gingen ohne An- und Abmeldung. Pädagogen verfielen in Lethargie und unternahmen aus Angst vor beruflichen Konsequenzen nichts gegen diese anarchischen Zustände.

Im Vorgriff auf die nun endlich grenzenlose Freiheit pilgerten Karawanen von Erwachsenen, im Schlepptau ihre Kinder, nach Westberlin, um sich von den Segnungen des Kapitalismus zu überzeugen und nebenbei das Begrüßungsgeld in Empfang zu nehmen. Bei dieser Rhapsodie in Luxus blieb kein Raum für Arbeiterkampflieder. Die einzige Kunstform, zu der man sich noch durchringen konnte, waren Spottlieder auf die ungeliebten Aluchips, die lächerliche Trabi-Rennpappe sowie Heldengesänge auf sich selbst. Widerstand all überall.

Wir erlegten uns größte Zurückhaltung auf. Doch die zurückflutenden Klassenkameraden unserer Tochter untergruben sukzessive das elterliche Bollwerk. Sie malten die Zustände im gelobten Land in paradiesischen Farben. Da wir pflichtschuldig am Arbeitsplatz ausharrten und uns der „DDR-Abwrackprämie" schämten, schoben wir unseren Antrittsbesuch in der Überflussgesellschaft täglich hinaus. Sehr zum Schaden unserer elterlichen Autorität.

Anfang Dezember galt unsere Tochter bereits als verspottete Außenseiterin. Ihre Angriffe bombardierten uns so massiv, dass alle Beschwichtigungsargumente auf taube Ohren stießen. Es gab nur: entweder – oder!

Wir fuhren an einem Sonnabend. Mit dem rappelvollen Zug ging es bis Schönefeld. Per S-Bahn visierten wir die Friedrichstraße an, um von dort die Grenze zu passieren. In der Stadtbahn herrschte entsetzliches Gedränge. Die Wagen litten hoffnungslos unter Verstopfung. Direkt neben uns wurde ein Pärchen gedrückt und gequetscht. Nach jedem hörbaren Atemzug ein Satz in gepflegtem Sächsisch. Die beiden Sachsen gaben vor, von Alt-Glienicke aus einen bedeutend kürzeren Weg über die Grenze zu kennen. Etwa zwanzig Personen, darunter wir, folgten dem Lockruf der Rattenfänger von Pirna. Um nicht den Anschluss zu verpassen, boxten wir uns erfolgreich zum Ausstieg durch. Froh, dem Gedränge entkommen zu sein, schlossen wir uns den geselligen Wegverkürzern an.

Als nach einer halben Stunde Fußmarsch durch Wildwuchs und Öde noch kein Grenzübergang in Sicht kam, begannen die ersten Mitläufer zu murren. Eben im Begriff, unseren Anführern Vertrauen zu schenken, gestanden diese kleinlaut, sie seien zuvor noch nie in Berlin gewesen. Der heiße Tipp stamme von coolen Bekannten. Mangels Alternative trotteten wir jedoch kleinlaut den Sachsen hinterher.

Bald darauf irrte unsere Gruppe über freies Feld. Ein garstiger Wind pfiff in die vor Erregung glühenden Ohren. Endlich ragte aus der Weite des Brachlandes eine Bushaltestelle hervor. Trippeln und Trappeln. In Sekunden liefen wir die Dezemberkälte aus den Schuhen. Der Atem dampfte.

Ein Häuflein der Ungebrochenen marschierte weiter. Irgendwo musste die Grenze schließlich sein. Die Kleinmütigen hofften auf schnellere Erlösung und warteten. Nach fünfzehn Minuten fuhr tatsächlich ein Bus, Marke Ikarus, vor. Nicht ein Platz war besetzt. Wer sollte hier in der Pampa auch zusteigen?

Von der Freude über die Rettung in höchster Not überwältigt, fielen sich wildfremde Menschen in die Arme. In der aufgeheizten Atmosphäre entkrampften sich die Gesichter. Erste Witzeleien über das soeben überstandene Abenteuer machten die Runde.

Der Bus fuhr nur wenige Kilometer und hielt dann an einer Brücke, gut als Grenzübergang zu erkennen. Der uniformierte Posten lächelte lässig und warf nur einen flüchtigen Blick auf die Ausweishülle. Was drin stand, interessierte ihn nicht.

Auf Westberliner Seite wartete eine piekfeine Busarmada auf die armen Brüder und Schwestern aus dem Osten. Der Fahrer, ein echtes Berliner Urgestein in adretter BVG-Uniform, kutschierte uns unentgeltlich. In schneller Folge legte die Busflotte ab. Kein Fahrzeug fuhr in die gleiche Richtung.

Unsere Endhaltestelle hieß Mariendorfer Damm. Ganz in der Nähe zeigte uns der Fahrer eine Bank. Gegen Vorlage des Personalausweises bekamen wir stolze dreihundert D-Mark. Viel Geld für unsere Individualdaten.

Das überwältigende Warenangebot schaute gierig auf unser mit gemischten Gefühlen erworbenes „Sterbegeld". Vom Bahnhof Zoo aus zogen wir eine breite Spur von Mark und Pfennig. Kein Warenhaus blieb verschont.

Tochter Conny freundete sich während des Einkaufsbummels mit einem älteren Herrn an. Karl May war sein Name. Selbiger prangte in güldenen Lettern von den Rücken einer vielbändigen Prachtausgabe des Märchenonkels und verzauberte das Menschenkind.

Meine Frau und ich suchten in den sich biegenden Bücherregalen vor allem nach solcher Literatur, die in der demokratischen Republik allenfalls in „Giftschränken" gelagert wurde. Der Interessenkonflikt eskalierte. Conny bettelte so herzzerreißend, bis die Eltern einknickten und ihr den Karl-May-Wunsch erfüllten. Mit schmerzenden Händen schleppten wir die Schätze heim. Das strahlende Gesicht unseres Kindes half, die Schmerzen zu ertragen.

Wochen später hätten wir die einmalig schöne Prachtausgabe allerdings für weit weniger Geld in der Cottbuser „Jenny-Marx-Buchhandlung" kaufen können. Dort stand inzwischen für Karl May und Konsalik ausreichend Platz zur Verfügung. Karl Marx, Engels und Lenin sowie Bücher der meisten DDR-Autoren waren dagegen rundum aus den Regalen verschwunden.

Jürgen Schwalm

Jahrgang 1932
In jenen Tagen
als die Viadukte gesprengt wurden
die Straßen zerrissen
und die Schienen sich zum Himmel bäumten
groteske Leitern

In jenen Tagen
als die große Höllenfahrt war
als die Wege
weder nach Osten
noch nach Westen führten
hab ich meine Kindheit verloren

Ich suchte lange die Stelle
wo sie begraben lag
wollte meinen Stoffbären
der schon vorher die Augen verlor
wieder aus den Trümmern kratzen
den blinden Schlafgefährten
wie einst ans Herz drücken

Ich musste zu schnell erwachsen sein
Uniform und Koppel tragen
Marschliedern folgen
im Gleichschritt links – zwei - drei
rechts – zwei – drei

In jenen Tagen
als die Viadukte gesprengt wurden
wollte ich mein Gewissen
in den Abgrund werfen
damit ich stehlen konnte

Steckrüben gegen den Hunger klauen
auf dem Schwarzmarkt betrügen
zehn Personen für einen Sack Kartoffeln
ausspielen konnte

In jenen Tagen
als die Viadukte gesprengt wurden
sollte ich mein Leben verkaufen
doch in eine Feldfurche geworfen
roch ich plötzlich den ersten Frühling
und konnte nie mehr gelassen sein

Zwischen den Fronten

Nachdem im Februar 1943 unsere Berliner Wohnung bei einem Luftangriff zerstört worden war, wurden wir vier Geschwister mit meiner Mutter nach Schloss Rosenau bei Zwettl evakuiert, ins ehemalige österreichische Waldviertel also, das nach dem Anschluss Österreichs an das „Großdeutsche Reich" nunmehr zum Gau Niederdonau gehörte … Im März 1945 zogen Militäreinheiten im Schloss ein. Anfang Mai geriet das Waldviertel zwischen die Ost- und Westfront. Nachts klirrten schon die Fenster im Donner der Geschütze. Wir konnten buchstäblich in letzter Minute aus Rosenau westwärts fliehen, als die Russen bereits in Zwettl einfielen. In der Panik fallen alle Schranken. Es gibt Ereignisse, deren Echo sich nie verliert. Entsetzen kann sprachlos machen. 31 Personen, Männer, Frauen und Kinder, wollten mit uns die Flucht wagen. Nur nicht in die Klauen der Bolschewiken geraten. Eher bringen wir uns um.

Dienstag, 8. Mai 1945. Landser hatten in den Tagen zuvor zwei Wehrmachtsbusse organisiert und „umgefärbt". Sie standen bereit. Auch die Fahrer, zwei „erfahrene" Soldaten in Zivil. Später Nachmittag. Unsere Mutter hatte uns Kinder im ersten Bus untergebracht. Sie selber fuhr im zweiten Bus, dessen Abfahrt sich verzögerte. Schnell wurde ein Treffpunkt vereinbart. Darauf einzugehen, war ein Fehler, für den meine Mutter aber in dieser Situation nicht verantwortlich gemacht werden darf. Wir fuhren also ohne unsere Mutter los. In den Abend, in die Nacht. Der Fahrer stellte das Autoradio an. Keine Musik mehr. Nur noch Ansagen, schnarrende Reportagen, Satzfetzen, Fadings. Jemand redete von Demarkationslinien, von bedingungsloser Kapitulation um Mitternacht. Wo waren wir? Schon auf der richtigen Seite? Der Fahrer, der bisher sehr nett und freundlich zu uns war, änderte plötzlich sein Verhalten. Der Motor sei defekt, brummte er. Er könne nicht weiterfahren. Wir sollten aussteigen und zu Fuß ins nächste Dorf laufen. Dort würden wir auf den Bus mit unserer Mutter treffen. Ganz bestimmt. Verlasst euch auf das, was ich euch sage! Wir glaubten aber gar nichts mehr. Nach dieser Nacht wollten wir keinem mehr vertrauen.

Meine Schwester Renate fragte: „Warum laufen wir denn nicht alle zusammen dorthin?"

„Nee", sagte der Fahrer brutal. „Wir hauen uns hier in die Büsche, meine Kameraden und ich. Wir tauchen hier ab. Wenn wir geschnappt werden, sind wir dran. Ihr seid Kinder. Euch kann nichts passieren!"

Die Männer ließen uns aussteigen und warfen unser Gepäck auf die Straße. Wir drei Großen mussten jeweils einen Koffer und einen Rucksack tragen, auch meinem fünfjährigen Bruder Dirk wurde ein kleiner Rucksack auf den Rücken geschnallt. Pechschwarz war die Nacht, totenstill, ausgesternt, kalt. Wir stolperten die Straße entlang und wagten nicht, uns umzudrehen. Erst nach fünf Minuten blickten wir zurück. Der Bus war nicht mehr zu sehen. Kein Auto kam uns entgegen oder fuhr an uns vorbei. Wir liefen bis zum Morgen, schleppten uns mit letzter Kraft in ein Dorf, entzifferten im ersten Morgenlicht ein Schild: Es war der vereinbarte Ort!

War das Zufall? Es gibt keine Zufälle, es gibt nur Schicksale. Ich hatte es an jenem Morgen gelernt. Wir schlurften bis zum Kirchplatz, warfen dort das Gepäck auf den Wiesenstreifen am Straßenrand und entleerten uns ohne Scham. Es war uns jetzt alles egal. Die Kirchenglocken schlugen an, Einwohner kamen vorbei, glotzten uns an und eilten zum Kirchenportal. Da stand tatsächlich ein Sarg. Jemand war gestorben und sollte noch so schnell wie möglich unter die Erde gebracht werden.

Das gab uns den Rest. Uns war, als würden wir selber begraben. Minuten vergingen. Zwei Stunden. Wir wollten unseren Augen nicht trauen, als plötzlich der zweite Bus mit meiner Mutter aus dem Nichts auftauchte. Wir winkten wie Verrückte. Der Bus bremste scharf und stand. Meine Mutter riss die Tür auf. Strahlte. Wir weinten, wir lachten. Lagen uns in den Armen. Wollten nur noch fort, nur noch weiter.

Wir waren nun 23 Personen im Bus, Kinder und Erwachsene. Mütter wie meine Mutter. Das verbindet. Da halten die Mütter zusammen. Und meine Mutter übernahm die Führung, die Organisation der weiteren Fahrt. Eine moderne Odyssee.

Die Erinnerung ist ein Zeitraffer. Landschaftsbilder waren in der Aufregung nicht einzufangen, Ortsschilder zogen vorbei; wir versuchten, die Namen auf der einzigen Wehrmachts-Karte, die uns zur Verfügung stand, wiederzufinden. Eine Gea-Übersichtskarte mit dem Aufdruck: „Karten sind knapp – bei Quartierwechsel mitnehmen."

Stichwort: Quartierwechsel. Wo finden wir ein Quartier für die nächste Nacht? Wir mieden die Hauptstraßen, um den Militärkontrollen auszuweichen. Fuhren abenteuerliche Nebenwege über die Dörfer. Da konnte der Bus unauffälliger abgestellt werden; er durfte ja nicht beschlagnahmt werden. Jeder war sich selbst am nächsten, nahm sich, was er brauchen konnte. Der Bus musste bei Nacht bewacht werden, sonst konnte er am Morgen weg sein. Wir schliefen bei Bauern in der Scheune. Wühlten uns im Stroh ein;

die Sterne blinkten ungerührt durch löcherige Dächer. Wir hörten die Pferde in den Ställen stampfen, Schafe blöken. Ich dachte an die Weihnachtsgeschichte. Maria und Joseph. Aber unser Joseph war nicht dabei. Wo mochte er jetzt sein? Unsere Mutter fühlte sich verantwortlich für uns Kinder und die Heimatlosen unserer Schicksalsgemeinschaft. Die verloren allzu oft und zu schnell den Kopf. Wir erschnorrten bei Bauern das Essen. Viele ließen sich das gut bezahlen, wenn auch keiner wusste, was das Geld in dieser Zeit überhaupt noch wert war. Oft wurden wir abgewiesen. 23 Personen, und dann noch die vielen Kinder dabei, das war den meisten zu viel. Verteilt euch doch auf mehrere Höfe, hieß es. Und: Es geht wirklich nur für eine Nacht. Und wenn wir euch unterbringen, ist das doch ein Risiko für uns.

Wer weiß, was für Nazis ihr gewesen seid. Ob die Männer, die ihr mitschleppt, nicht als Kriegsverbrecher gesucht werden, SS-Angehörige waren? Mein Herz klopfte. Ich wusste ja, dass drei Männer dabei waren, die vor der Flucht ihre Orden und Uniformen vergraben hatten. Merkwürdig, dass mich meine Ängste nicht auch noch in den Träumen jagten. Ich schlief jede Nacht wie ein Sack, taumelte durch die Tage. Unser Treibstoff wurde knapp, die mitgeführten Kanister leerten sich. Wir mussten ein Ziel finden. Mutter ließ abstimmen. Die Mehrheit wollte nach Niedersachsen. Dort wollte man sich trennen. Und so geschah es auch. Es gab nur kurze schmerzlose Abschiede. Jedem blieben die eigenen Sorgen. Mutter hatte einige Wochen vor unserer Flucht aus Rosenau einen Brief von einem Freund meines Vaters erhalten, der in Markoldendorf im Kreis Einbeck wohnte. Sie konnte unseren Fahrer überreden, den Versuch zu machen, den Ort zu erreichen. Es gelang ihm mit dem Rest der letzten Tankfüllung. Auf dem Hof eines Bauern blieb der Bus stehen. Es war ein wunderbar sonniger Tag im Mai 1945. An Markoldendorf war der Krieg vorbeigezogen. Ich hatte nichts dagegen, dass der Tag so strahlte. Ich ahnte zum ersten Mal in meinem Leben: So fühlt sich der Frieden an. Leuchtend und warm.

Aber zunächst konnten wir im Ort keine andere Unterkunft finden als einen Platz in der Scheune, wo wir auf Heu und Stroh lagerten und schliefen. Die Nächte waren noch kühl, wir hüllten uns in Pferdedecken. Wir wuschen uns an der Kälbertränke, aßen erschnorrtes Brot aus der Faust. Erst nach Wochen wurde uns dann in einem Bauernhaus eine kleine Wohnung zugewiesen. Beim Herumstöbern auf dem Dachboden fand ich dort eine achtlos fortgeworfene Bibel. Es gab in der ersten Nachkriegszeit keine Bücher, und so wurde die Bibel in jener noch buchlosen Zeit für mich im eigentlichen Wortsinn das Buch aller Bücher. Ich war damals dreizehn Jahre alt und hatte doch schon viel erlebt: Bombennächte und Feuerstürme; ich war zu früh zwischen die Fronten geraten; ich sollte zu schnell erwachsen sein und war doch ein Kind geblieben; es war erstaunlich, dass ich mir nicht untreu wurde, dass ich nicht unterging. Als ich endlich wieder einen Federhalter und Tinte besaß, zeichnete ich auf den an den Ecken abgestoßenen und verschrammten Bibeleinband ein Kreuz. Ich ließ den Kreuzesstamm aber aus einer felsenverankerten Wurzel aufsteigen und aus dem Querbalken Blätter sprießen. Eindrücke aus frühesten Tagen dürften mich bei dieser Gestaltung unbewusst beraten haben, vielleicht auch die Erinnerung an das von meiner Mutter so gerne gesungene Dornwald-Weihnachtslied mit der bewegenden Zeile: „Da haben die Dornen Rosen getragen." Für die Rosen hätte mir freilich die rote Farbe gefehlt, und meine Kreuzesblätter konnten noch nicht hoffnungsgrün werden. Doch mit Wasser vermischt nahm die Tinte immerhin die Farbe des Himmels an, den ich hinter meinem Kreuz andeutete. Damals meinte ich natürlich, das Baumkreuz ganz eigenständig erfunden zu haben. Erst später erkannte ich, dass es Ur-Motive gibt; sie erklingen immer wieder in uns, und wir durchleben sie in Variationen. Viel ist verzeichnet aus Raum und Zeit im

Buch der Welt, und viel davon ist aufgenommen in das Buch der Bücher, und was uns darin so geheimnisvoll und kraftvoll berührt, hat oft die einfachsten Gründe. Das Einfachste und das Tiefste erfasst die wortreiche Analyse nicht. Eher noch das Gedicht: In ihm kann noch das Rosenwunder besungen werden und der Kreuzesstamm als felsenverwurzelter Lebens-Baum. Am Ende verbinden mich alle abgelebten Jahrzehnte wieder mit meiner Zeichnung aus jenen Tagen, als ich den Neuanfang wagte.

Reinhard Stöckel

Unbeherrscht

Im Jahr der großen Krise fuhr Schrader nach Spanien.

Schrader schlief und Max saß am Steuer des Caravan. Max war Schraders Sohn und der Caravan von einem Freund geliehen. Seit er seine Stellung bei einer Illustrierten verloren hatte, nannte sich Schrader Reiseschriftsteller und arbeitete, wie er gern betonte, frei. Dafür sei er seinerzeit über die Grenze. Allein. Zu gefährlich für einen Säugling wie Max sei das gewesen. So hatte er es Max gegenüber formuliert, als der mehr als zwanzig Jahre später bei ihm auftauchte, völlig abgebrannt.

Max schien immerhin ein brauchbarer Autofahrer zu sein. Später lenkte Schrader, und Max beschäftigte sich mit seinem Smartphone.

Dort drüben, Max, siehst Du. Schrader wies aus dem Fenster: das Meer!

Mhm, brummte Max, hob sein Smartphone und machte ein Foto.

Sie passierten die spanische Grenze und Schrader sagte zu dem wieder am Steuer sitzenden Max: Wahnsinn, Mensch!, keine Posten, kein Schlagbaum … Max sagte nichts, schob eine CD ein. Rap. Rap statt Swing und Klassik, wie sonst, wenn Schrader Auto fuhr. Schrader kurbelte das Fenster herunter, und der Fahrtwind riss das Stakkato böser Wörter weg von seinen Ohren. Schrader döste. Max steuerte einen Parkplatz an. Verpiss Dich, Du blöde Tusse!

Was ist los? Schrader schrak auf und sah einen Mittelfinger seines Sohnes in Richtung einer Frau gereckt. Die rangierte unbeeindruckt ihren Kleinwagen in eine Parklücke. Max, entfuhr es Schrader: Es gibt Grenzen! – Fahr weiter, da drüben ist noch was frei. Max hieb den Rückwärtsgang ein. Ein Mann hob warnend die Hände.

Fick dich, Kanacke!

Max, verdammt, beherrsch dich!

Wie du, damals, ja?!, sagte Max. Schrader guckte irritiert. Max schaltete vor und kurbelte am Lenkrad. Es krachte und scharrte; ein Ruck, der Caravan stand. Mist! Einen Moment lang Stille. Dann sprangen beide aus dem Fahrerhaus. Der Caravan saß auf einem Begrenzungsstein fest; das linke Vorderrad hing in der Luft. Schrader fluchte. Verdammte Scheiße, Max, der ist geliehen!

Max sagte Ja, ja, und zündete sich eine Zigarette an. Ein Dutzend Spanier sammelten sich palavernd um den Caravan. Ratsuchend ging Schrader zur Tankstelle hinüber. Als er zurückkam, hatten etliche Männer den Caravan vom Stein gehievt. Max spendierte eine Runde Zigaretten. Schrader stand dabei und rauchte nicht.

Als sie weiterfuhren, bemerkte Schrader, dass der Caravan nur mit Mühe in der Spur zu halten war. Unweit von Barcelona entschloss sich Schrader, eine Werkstatt aufzusuchen. In der Stadt ließ er sich zu einem Hotel navigieren. Es war billig genug, aber zentral gelegen.

Während Max das winzige Zimmer bezog, fand Schrader eine Werkstatt. Dort versprach man, das Lenkgestänge bis zum nächsten Abend zu richten. Schrader fragte nach dem Preis, und der Mechaniker nannte, den Kopf wiegend, eine Zahl.

Zu Fuß unterwegs zum Hotel telefonierte Schrader mit seinem ehemaligen Redakteur und versprach eine außergewöhnliche Reportage. Schrader, sagte der, Sie kennen den Laden … Ich sehe mir die Sache an, aber Vorschuss …?

Schrader verhielt seinen Schritt und blickte über einen mit Zelten übersäten Platz. Spruchbänder waren zwischen Bäumen und über Zäune gespannt, Parolen und Zeichen auf Wände und Wege gesprüht: Empört euch! – I love Molotow! Auf Treppen und Grünflächen saßen junge Leute in Gruppen und diskutierten. An den Wegrändern Stände mit Broschüren und Handzetteln. Auf Spirituskochern brodelte es. Lachen, Musik, Gerüche von Kaffee und Hanf.

Schrader wählte noch einmal die Nummer des Redakteurs: Wie wär es mit was Politischem? Studentenproteste ... Randale? Nein ... noch nicht ... Fotos? Ja! – Verdammt! Schraders Fotoapparat war im Caravan liegen geblieben.

Ein junges Mädchen schnitt unter einem Zeltdach einem Burschen die Haare. Ein anderer stand mit einigem Abstand davor und sah zu. Max?

Max! Schrader rief. Max wandte sich um und winkte. Schrader bedeutete ihm, zu fotografieren. Max nickte. Doch dann trat er zu der Haarschneiderin und setzte sich auf den eben frei gewordenen Stuhl. Das Mädchen lachte und zückte die Schere.

Gegen dreiundzwanzig Uhr war Max immer noch nicht zurück im Hotel. Schrader ging noch einmal hinüber zum Camp. Kleine Grüppchen an kleinen Feuern, friedliches Stimmengemurmel, leises Lachen. Das Zelt der Haarschneiderin lag still und verschlossen. Schrader lauschte einen Moment. Nichts, kein Laut, kein Geräusch.

Auf der Terrasse vor dem Hotel saß eine Frau, die wie Schrader auf jemanden zu warten schien. Sie bat um Feuer, Schrader drehte bedauernd die Handflächen nach außen. Sie lächelte.

Später, als Schrader die Tür seines Zimmers aufschloss, nannte sie eine Zahl. Schrader wandte sich um, hob die Brauen, schluckte und sprach stotternd von einem Missverständnis. Sie lächelte und nestelte an Schraders Gürtel. Ihre Lippen glänzten und Schrader klaubte mit zitternden Fingern einen Schein aus seiner Brieftasche.

Schrader erwachte von einem Klopfen an der Tür. Max? Moment! Schrader sah sich um, er war allein. Als er die Tür öffnete, erblickte er einen Polizisten, neben ihm ein Mann in Zivil.

Es habe in der Nacht einen Überfall gegeben, sagte der Zivilist. Auf ein Privathaus. Sachbeschädigung, Ruhestörung. Unter den Tätern auch ein junger Mann. Der Zivilist nannte Max' Namen.

Als Schrader sagte, das sei sein Sohn, schwiegen die beiden Männer einen Moment lang. Dann räusperte sich der Zivilist und sagte, der junge Mann habe sich der Festnahme zu entziehen versucht, dabei habe es bedauerlicherweise einen Unfall gegeben. Sie fuhren Schrader zum Krankenhaus. Max war nicht bei Bewusstsein und sein Oberkörper bandagiert. An seinem Bett saß die Haarschneiderin. Ihr Gesicht war blass, die Augen verweint. Sie gehöre zu den Tätern, ließ der Zivilist Schrader wissen.

Der junge Mann habe sich beim Übersteigen eines Zaunes verletzt. Der Besitzer des betroffenen Objekts sei unter diesen Umständen bereit, von einer Anzeige abzusehen. Eine Ärztin öffnete die Tür und bat die Besucher energisch, hinauszugehen. Sie sind der Vater? Schrader nickte. Die eiserne Spitze des Zaunes, erklärte die Ärztin, ist unterhalb des rechten Rippenbogens in den Körper gedrungen, hat die Leber und zwei Wirbel verletzt. Es ist ungewiss …

Das Mädchen begann zu weinen. Beamte und Ärztin verabschiedeten sich und Schrader sackte auf eine Bank neben dem Treppenaufgang. Zögernd sah sich das Mädchen um, dann griff sie entschlossen hinter den Bund ihrer Jeans und zog ein Smartphone hervor. Sie setzte sich zu Schrader und strich mit flinken Fingern mehrmals über das Display und reichte Schrader das Gerät.

Die erste Szene: Eine Mauer schimmert im Mondlicht, sauber verfugter Sandstein, hell marmoriert. Eine Schablone knallt darauf, ein Sprühstoß aus einer Farbdose. Dann Totale auf die Mauer: Mehrere junge Leute arbeiten hastig, doch konzentriert. Unter ihren Händen entstehen Sterne, Fäuste und kryptische Zeichen. Schwenk nach oben: Hinter der Mauer, leicht erhöht ein erleuchtetes Haus. Zoom auf eines der Fenster, es steht offen. Tanzende Schemen, Musik weht heran. Aus.

Nächste Szene: Das Gesicht des Mädchens, daneben das von Max. Beide freudig erregt, ja, glücklich. Schwenk: Max allein, lachend, er ruft etwas: Eviva España! Eviva el Amor!

Schwenk: eine Toreinfahrt. Das Tor glänzt metallisch im Licht einer Straßenlaterne. Max besprüht das Tor, tritt zur Seite: Fuck your money!

Schwenk auf die Gruppe: Einer hält ein Megafon. Sie skandieren etwas. Mehrere Wachleute erscheinen. Die Gruppe spritzt auseinander. Die Stimme des Mädchens: Run, run! Aus. Weiter: Mehrere Limousinen. Im Hintergrund die Villa, erregte Stimmen. Zwei Wachen im Gerangel mit einem jungen Mann. Max ist es nicht. Schwenk: Da ist er. Max stemmt einen Gullideckel in die Luft und wirft ihn in die Frontscheibe eines der Wagen. Triumphierend reißt er die Arme empor, stutzt. Schwenk: Einer der Wachmänner setzt sich in Bewegung. Max rennt, stoppt, wendet sich einem Zaun zu, schwingt sich hinauf. Der Wachmann packt ihn am Bein. Schwenk: Straßenpflaster. Die Stimme des Mädchens, ein Schrei: Max!

Aus.

Schrader und das Mädchen saßen da und blickten stumm auf die Tür gegenüber; dahinter lag Max. Schließlich erhob sich das Mädchen. Schrader tat es ihr gleich. Sie umarmte ihn kurz und ging. Auf der Treppe verklangen ihre Schritte.

Schrader saß da und starrte auf das Display, über das die Filmsequenzen zitterten, wieder und wieder. Wieder und wieder sah Schrader Max' lachendes Gesicht neben dem des Mädchens. Schrader hatte ihn nie so lachen gesehen, so unbeschwert, so befreit.

Schrader schrak auf, als jemand seine Schulter berührte. Vor ihm stand eine Schwester und bedeutete ihm, dass ihn jemand zu sprechen wünsche. Am Treppenaufgang stand ein gut gekleideter Herr und nickte ihm zu. In nahezu perfektem Deutsch stellte er sich als Anwalt des Geschädigten vor. Sein Mandant bedaure die nächtlichen Vorfälle, insbesondere den tragischen Unfall. Der ungeschickte Wachmann sei sofort entlassen worden. Es käme nun darauf an, den betroffenen Familien, also der Schraders und der seines Mandanten, weitere Belastungen zu ersparen. Insbesondere wäre eine Berichterstattung in den Medien kaum zu kontrollieren. Kurz: Sein Mandant werde von einer Anzeige gegen Max absehen.

Señor Schrader, sagte der Anwalt eindringlich, Ihr Sohn wird eine gute medizinische Betreuung brauchen. Mein Mandant ist bereit zu helfen. Dies, sagte der Anwalt, fürs Erste, und überreichte Schrader einen Scheck.

Schrader las eine Zahl. Er schwieg, seine Hand zitterte.

Er habe gehört, fuhr der Anwalt fort, es gäbe Filmaufnahmen ... Ob dies, er deutete auf das Smartphone in Schraders anderer Hand, das Gerät des jungen Mannes sei. Schrader nickte und hörte Max' Lachen. Bitte, geben Sie es mir! Bitte, Señor! Der Anwalt streckte seine Hand auffordernd aus.

Da schnellte Schraders Arm nach vorn, die Hand, den Scheck geknüllt, stieß gegen den Brustkorb des Anwalts, der taumelte, versuchte, sich mit der linken Hand am Treppengeländer zu halten, griff aber daneben und stürzte die Stufen hinab.

Schrader fiel zurück auf die Bank. Durchs Treppenhaus drangen erregte Rufe herauf.

Zärtlich strichen Schraders Finger über das Display.

Gerda Weinert

Offene Türen

Sonntag, 6. Juni 1993

Pfingsten. Nach gregorianischem Kalender eine Woche später als bei uns.

Wir hatten die Wahl: Begegnung mit einer Minsker Überlebenden des Holocaust oder Teilnahme am Feiertagsgottesdienst, vom Metropoliten persönlich zelebriert. Drei Stunden lang.

„Man muss aber nicht so lange dableiben", sagte Monika.

Die gute, alte Inge, die wir bis dato nur bei den Mahlzeiten zu Gesicht bekommen hatten, und die bei manchem verstecktes Lächeln auslöste mit ihren häufigen Erwähnungen irgendwelcher barmherziger Schwestern, entschloss sich, mit der anderen Gruppe der Juden zu gedenken.

Bettina erzählte, dass sie als Kind, als Jugendliche und als Mitglied einer sozialistischen Brigade einmal im Jahr nach Buchenwald gemusst hatte, zu mehr und mehr ungeliebten Aufmärschen und Kundgebungen. Möglich, dass das Musik in den Ohren der „Wessis" war.

Ich setzte dagegen, dass ich nur einmal in Buchenwald gewesen sei. An einem gewöhnlichen Tag. Mit Freunden. Lange allein vor dem Berg zumeist armseliger Kinderschuhe gestanden, an Anne Frank, „Jakob der Lügner" und „Nackt unter Wölfen" gedacht und plötzlich Wasser in den Augen gehabt hatte.

Der „Sputnik" brachte uns zu der auffallend schönen Heiligen-Geist-Kirche. Wie zwei spitze Stifte hoben sich die weißen Zwillingstürme vom klaren Blau des Himmels ab.

Die Messe kam über Lautsprecher nach draußen. Alles strebte dem Portal zu. Wir schlossen uns an. Gedränge, Gebetsgemurmel, Bekreuzigungen. Kurz hinterm Eingang nahmen viele andächtig ein warmes Getränk zu sich. Geweihtes Labsal?

Prunk und Pracht und Geruch von Menschen und Rauch. Kerzen allüberall.

Etwa fünf Meter weit kamen wir. Hätten warten und warten müssen, nur Zentimeter um Zentimeter vorrücken können, um eventuell irgendwann einen Blick in das Kirchenschiff zu tun.

Wir zwängten uns wieder nach draußen. Versuchten es durch einen Nebengang … Doch der endete in einem Raum mit großem Tisch. Darauf ein Korb voller kleiner Brote.

Der Tisch des Herrn? Ein Priester war momentan nicht zugegen. Hastig klaubten zwei alte Frauen verstreute Krumen in Plastiktüten. Nicht für unsere Augen bestimmt. Rückzug, wieder durch unsägliches Gedränge.

Hatte es hier eine explosionsartige Wiedergeburt von Religiosität gegeben? War sie trotz Unterdrückung immer vorhanden gewesen?

Wir fühlten uns fehl zwischen all diesen Gläubigen. Sahen Bettler stumm in Nischen stehen, wurden von Kindern bedrängt, die Geld wollten. Man erkannte uns als Fremde, obgleich wir fast schweigend einhergingen.

Viktor schlenderte umher. Die Ärmel seiner hellgrauen Popeline-Jacke bis fast zu den Ellenbogen geschoben. In der Hand zwei von diesen wachsgelben Opferkerzen.

„Ich hab zu Hause eine Ikonenecke“, sagte er. Aber es klang, als hätte er ebenso zwei Blumen bei sich tragen und sagen können: Ich hab daheim eine Vase … Mag sein, sich mit diesen Kerzen bedenkenlos auf der Straße zu zeigen, hatte bereits viel von neuer Freiheit. Viktor war so sympathisch, dass wir nicht auf die Idee kamen, ihm auch nur den leisesten Vorwurf zu machen, weil nichts gesagt worden war von der Schwierigkeit, in diese Kirche zu gelangen.

Bettina, Friedhelm und ich hegten seit der Stadtrundfahrt den Wunsch, die übriggebliebene Altstadt zu besichtigen.

Frauke und Joachim schlossen sich uns an, und von irgendwoher kam noch Anne mit Ursula, einer jungen Historikerin mit Doktortitel, deren Worte oft von verschmitztem Augenzwinkern begleitet waren.

Wind beutelte uns auf der großen Brücke über den Swisslotsch.

Wohlgepflegt, überwiegend zweigeschossig, zumeist in Rottönen und zumeist verschachtelt die alten Häuser. Kleine, saubere Innenhöfe.

„Riecht ihr was?" Friedhelm drehte sich schnüffelnd um die eigene Achse.

„Irgendwo verbrennt Kuchen", sagte ich.

Je länger wir schnupperten, umso mehr brachten wir den Geruch mit Kaffee in Verbindung. War's nur die Sehnsucht danach? Was wir im Hotel als solchen bekamen, schien uns inzwischen eindeutig Ersatz mit Zichorie. In meinem Koffer befand sich ein Pfund Kaffee. Ein Gastgeschenk. Für den Fall, dass sich diesbezüglich etwas ergab.

Friedhelms Nase führte ihn eine Außentreppe empor, an deren Ende eine Tür offen stand.

„Du kannst den Leuten doch nicht in die Wohnung steigen!", rief ich.

„Na, klar. Wer die Tür so offen lässt …"

Liebe Güte, zu DDR-Zeiten haben wir auch die Haustür sommers weit offen gelassen. Vielleicht gab es hier noch keine Angst vor unliebsamen Eindringlingen? Keine Zeit, diesen Gedanken auszusprechen. Friedhelm, als habe er einen begehbaren Pfad im Gebirge entdeckt, winkte uns fröhlich zu sich. Tatsächlich. Eine Schänke! Sehr dämmrig. Kaum Gäste. Dann lautes Hallo.

In einer Ecke Brigitte. Unsere Brigitte, die ziemlich zu schleppen hatte an ihren Pfunden, saß mit einem sehr dünnen, jungen Minsker an einem dieser rustikalen Holztische. Der Mann wirkte betrunken, war aber wohl nur sehr nervös. Brigitte schien, ihn irgendwo draußen getroffen zu haben und von ihm hier hinaufgeführt worden zu sein. Wo hatte sie ihre Freundin Dagmar, die Schwäbin, gelassen? Die beiden waren eigentlich unzertrennlich. War Dagmar absichtlich nicht mitgegangen, weil sie der Freundin gern mal ein „Abenteuerli“ gönnte?

Hinterm Tresen braute eine hübsche junge Frau in einem Becken glühenden Sandes in winzigen, langstieligen Bechern Mokka. Als Friedhelm die Frau bei ihrem ungewöhnlichen Tun fotografieren wollte, huschte sie abwehrend zur Seite. War das Geschäft illegal?

Nachdem wir bestellt hatten, ließ sie sich fotografieren. Friedhelm und ich verzichteten auf den Mokka, weil es die Wirtin hätte kränken können, wenn wir Wasser dazu verlangt hätten. Frauke nippte vorsichtig und verdrehte die Augen.

Brigitte rief Bettina: „Ich versteh ihn so schlecht, hilf mal ein bisschen.“

Wer, was, woher, wohin? Die üblichen Fragen. Brigitte amüsierte sich. Ihre Wangen zeigten erhöhte Durchblutung.

Als wir gingen, blieb Brigitte noch. Bettina erzählte, dass der nervöse Mann Maler sei. „Er will sie schnell noch porträtieren.“

Wir fanden wieder eine offene Tür. Die eines Archivs. Hier zog's als Erste Ursula hinein. Möglicherweise gab's ja etwas zu erkunden. In einem kleinen Raum, hinter einem großen Schreibtisch, erhob sich höflich ein freundlich blickender Mann. Er war hochgewachsen, hatte dichtes, ergrautes Haar und ein fast faltenloses Gesicht.

Nein, zu zeigen gebe es hier nichts. Alles nur Akten und streng verwahrt. Lächelnd bat der Mann um Nachsicht wegen seiner unzulänglichen Deutschkenntnisse.

Weshalb er denn an Pfingsten arbeite, fragten wir.

„Nu, ohne Arbeit kein Leben.“ Der Mann erzählte uns, dass er Lehrer gewesen war. Für die Fächer Ästhetik, Ethik und Literatur. Anne fragte, wie alt er denn sei. Und wieder dieses Lächeln. Er sah die wunderschöne Anne an, als wollte er sagen, ich verzeih' dir die taktlose Frage und bitte verzeiht mir, dass ich schon fünfundsiebzig bin. In Wirklichkeit sagte er freilich nur die Zahl. Wir schauten ihn bewundernd an. Er wirkte viel jünger, gesund, vital und zart zugleich.

Womöglich, um abzulenken von seiner Person, begann der Mann plötzlich Heines „Loreley" zu rezitieren. Und wir? Wie verhält man sich? Einige waren stumm vor Staunen. Andere flüsterten die Verse leise mit. Ich dachte, dieser Mann will uns eine Freude machen. Aber es hatte auch etwas Beklemmendes, so dazustehen und die Darbietung entgegenzunehmen. Mussten wir jetzt nicht Emotionen zeigen? Wir rationellen Deutschen, die Gedichte, wenn überhaupt, nur im stillen Kämmerlein lasen oder irgendwelche Pflicht-Lyrik aus „Goldener Schulzeit" in Bierlaune gemeinsam zusammenpusselten, bis auch dem Letzten der Text ausging?

Dann doch Emotionen. Völlig unerwünschte. Unser Ego schämte sich. Der Mann deklamierte nun irgendein deutsches Heldenepos, das wir absolut nicht kannten. Er schien zu spüren, wie es uns peinigte, diese Unwissenheit kundtun zu müssen, brach die Rezitation ab, sagte: „O, Text weg. Vergessen." Ein weiser Mann. Und wie zur Rehabilitierung unseres Selbstbewusstseins noch etwas, das wir nicht kennen konnten: „Russische Abendserenade", sagte der Mann und begann mit sanfter, klarer Stimme hingebungsvoll zu singen.

Wir standen reglos. Lauschten und schauten, als erlebten wir nun, in diesem kargen Büro, tatsächlich ein Wunder. Als der fremd klingende, zärtliche Gesang verstummte, applaudierten wir leise. Kein profanes Geplapper mehr. Nur Dank noch, „Do swidania" und „alles, alles Gute". Ich ging als Erste auf den Mann zu, ihm die Hand zu reichen. Bei der Berührung spürte ich das Verlangen, ihn zu umarmen. Tat es und küsste ihm die Wange. Die anderen gaben ihm still die Hand. Der Mann begleitete uns bis an die offene Tür.

Niemand wagte, ihm etwas zu schenken. Niemand wagte, ihn zu fotografieren. Sein Bild wird uns bleiben.

Über eine gewundene, zweiseitig begehbare Außentreppe mit feingeschmiedetem Geländer erreichten wir die nächste, weit geöffnete Tür. Das Haus war zweigeschossig mit orangefarbener Fassade, die strenge, geradlinige, fast weiße Schmuckelemente aufwies.

Aus drei Wörtern las Bettina heraus, dass es sich hier um ein Museum handelte.

Eine etwa fünfzigjährige, sehr schlicht wirkende Frau trat uns entgegen, sprach etwas, dem wir mühsam entnahmen, dass sie heute keine Billetts verkaufen dürfe, da eigentlich geschlossen sei. Doch schon begann sie eilfertig, die Beleuchtung einzuschalten, und schickte sich zu einer Führung an.

In einer Verkaufsvitrine reizte mich eine Kartenserie mit Ikonen-Reproduktionen. Aber wenn's keine Billetts gab, durfte die Frau auch nichts anderes verkaufen.

Wir folgen ihr. Sie erklärte sehr langsam, stets wartend, bis wir, dank Bettinas Hilfe, verstanden hatten. Dieses Museum war 1991 eingerichtet worden. Zum hundertsten Geburtstag des Minsker Schriftstellers Maxim Bogdanowitsch, der, erst fünfundzwanzigjährig, während eines Kuraufenthaltes auf der Krim, gestorben war.

Die Frau wies auf Übersetzungswerke aus dem Französischen und auf einen Schiller-Band. Eigene Arbeiten veröffentlichte Bogdanowitsch in kleinen Zeitschriften auf schlechtem Papier. Den Verlust seines besten Freundes verarbeitete er mit dem Schreiben von Gedichten. „Blumenkranz“ heißt das schmale Bändchen, das des Dichters einziges eigenes Buch bleiben sollte. Familie, Freunde, Lehrer … Vieles, was zu Bagdanowitschs kurzem Leben gehörte, hatte per Bild, Schrift oder Requisite Eingang in dieses Museum gefunden.

Die Frau erzählte, als sei dieser Dichter der ganze Inhalt ihres Lebens. Doch uns begann die Zeit zu drängen.

„Wir müssen ein bisschen was hierlassen." Friedhelm zückte sein Portemonnaie. Alle traten wir an das gläserne Spendengefäß. Gaben gewiss viel mehr, als der Eintritt gekostet hätte.

Mir hatte die Begeisterung der Frau so imponiert, dass ich zurückblieb, ihr einen kleinen Taschenrechner zu schenken. In unserer Lokalredaktion der „Märkischen Oderzeitung", für die ich als freie Mitarbeiterin hin und wieder jobbe, hatte man mir allerlei Geschenkartikel mitgegeben.

Aber die Frau, anstatt sich einfach nur zu freuen, schloss hurtig die Verkaufsvitrine auf und schenkte mir genau jene Reproduktionen, die mir so gefallen hatten.

Plötzlich blieb ein junger Einheimischer bei uns stehen und begann vehement und zornig, auf uns einzureden. Auf belorussisch. Viktor fehlte noch, und Monika verstand ihn nur allmählich.

Der junge Mann beklagte sich bitter, dass deutsche Hilfsgüter für Behindertenheime ihre Ziele nicht erreichten. In einem Atemzug schimpfte er auf seine Regierung und auf die „Mafia". Es herrsche allgemeine Korruption. Er trug uns auf, seinen Protest daheim weiterzusagen und hinkte von dannen.

Betroffen von der Begegnung, stiegen wir in den Bus.

[Auszug aus dem Buch *und niemand sang Kalinka. Eine Reise ins Russische*]

Jana Weinert

Der Krug geht

Sie ist herausgeschlüpft. Abgesprungen. Herausgetreten aus dem Tageslauf, aus dem Lebenslauf, aus dem Lauf der Dinge. Sie ist dem Lauf der Dinge entronnen und steht auf ihren schmalen Füßen. Mitten auf dem Weg.

Der Weg hatte sie jeden Tag zwischen ihrem Haus und ihrer Arbeit hin- und zurückgebracht. Oft war sie eilig. Jetzt kann sie hier stehen. Es ist ein besonders schönes Stück des Weges. Eine Abkürzung zwischen zwei großen Straßen. Nicht jeder kann auf einem solch schönen Weg zur Arbeit und wieder zurück gehen. Und erst recht nicht stehenbleiben. Die Abkürzung führt an Gärten vorüber. Kleine Gärten. Wo die Menschen Gemüse und Obst anpflanzen. Wo sie an den Wochenenden vor Lauben sitzen, mit Kaffeegeschirr klappern und Sprühsahne auf Obstkuchen verteilen.

Dies war die kürzeste Strecke des ansonsten langen täglichen Weges, aber diesen Teil hatte sie besonders gemocht. Jetzt ist sie ausgestiegen, beiseitegetreten auch von dem täglichen Weg. Langsam kann sie ihre Schritte setzen. Neu. Und sieht über sich den Himmel. Der ist heut tiefblau. So tief und klar, da möchte sie beinahe hineinspringen, eintauchen, wie die Schwalben. Die schneiden sich verrückte Kreise aus der Himmelstiefe und singen dabei ein sirrendes Lied. Die Frau atmet das Blau, während sie langsam Fuß vor Fuß setzt.

Der Krug geht so lange zum Brunnen, bis er bricht. Sie wäre so lange hin- und zurückgegangen, bis … Beinahe. Der Lauf der Dinge hatte sie selbst zu einem der Dinge gemacht. Als Ding brauchte sie keinen Atem, keine Luft.

Es fühlte sich an, als würde sie zerbrechen. Und wer weiß. Wäre ihr nicht in der Nacht der Schlaf abhanden gekommen. Wäre ihr nicht plötzlich der Weg unter den Füßen ins

Wanken geraten. Wäre ihr nicht plötzlich das Wort von den Lippen geflohen, jedes Wort. Da saß ihr die Angst im Leib. Da saß sie im Leib der Angst. Und die Frau hörte auf, Ding zu sein.

Heut hatte die Ärztin gesagt: Ich ziehe Sie aus dem Verkehr. Atmen Sie mal in Ruhe durch.

Und plötzlich geht sie im Freien, im freien Zeitraum. Plötzlich ist ihr wieder schwindlig, anders schwindlig, schwindlig von so viel Luft und Atem. Aber als Mensch braucht sie Luft und Atem. Und sie, sie braucht sogar einen ganz besonders langen Atem.

Beim Lauf der Dinge war vom Atem nie die Rede gewesen, nur vom Takt, von Intervallen, vom Ziel und vom Tempo, von Leistung.

Und wie sie jetzt einen Fuß vor den nächsten setzt, jetzt, gerade noch einmal in einen freien Zeitraum entschlüpft, entsprungen sozusagen, wie sie also langsam geht, sieht sie, dass sie von ihrer Abkürzung einen falschen Weg genommen hat. Einen Abweg. Den kennt sie nicht. Der führt sie hinter die Gärten. Die liegen nun seitwärts des Weges. Auf dieser Seite ist offenes Brachland. Weit.

Die Gärten, als fürchteten sie die Brache, ducken sich hinter einer hohen Hecke. Und die Hecke ist wild und wuchert und … hängt mit Früchten voll. Das fällt der Frau erst jetzt auf. Da sind Himbeeren und wilde Pflaumen. Die ersten in diesem Jahr. Es sind erst wenige reif, aber die, diese wenigen reifen Früchte, die pflückt sie sich. Und es werden, je länger sie hier steht und pflückt, immer mehr reife Früchte, die sie entdeckt im dichten Gesträuch, das nur dem Weg gehört und keinem der Gärten.

Pflaumen gelb und blau, rund, weich und warm von der Sonne. Längst kleben zarte Himbeerkügelchen an ihrem Kleid, so weit hat sie sich in die Büsche geschoben.

Als die Frau ein Kind war, hatte sie nicht abwarten können, bis die Himbeeren endlich reif gewesen waren. Sie hatte nicht anders gekonnt und schon die frühreifen

Früchte aus der stacheligen Hecke geklaubt. Jetzt würde sie warten. Bestimmt. Sie würde wiederkommen. – Schon morgen vielleicht.

Als Kind hatte sie auch diese runden blauen und gelben Pflaumen herbeigesehnt. Und als sie endlich reif waren, war sie in die Zweige geklettert und hatte sich den Bauch gefüllt mit Sommersüße inmitten des heißen Atems der Wiesen am Fluss.

Jetzt leckt sie den klebrigen Saft von den Händen. Heiß dampfen die Wiesen neben ihr. Der weite Himmel liegt still auf dem Meer aus Grillengezirp und Bienensummen. Die Frau spürt den langen Atem. Und spürt ihre Füße fest auf dem unbekannten Weg. Der unbekannte Weg führt direkt nach Haus.

Carmen Winter

Hans

Ich stand da und hielt mich am Spaten fest. Der Zug fuhr vorbei: Schranke runter, Schranke hoch. Immer der gleiche Zug mit immer den gleichen Leuten. Einige winkten, einige aßen ihre Wurstbrote. Es waren immer die Gleichen, die winkten, und immer die Gleichen, die Wurstbrote aßen.

Im Garten, in den ich meinen Spaten gestochen hatte, blühten die Bäume. Nie trugen sie Früchte, nie fiel das Laub herab, nie lag Schnee auf kahlen Zweigen. Wenn Schnee gefallen wäre, hätte ich ins Haus gehen können und nachsehen, ob dort eine schöne Frau am Tisch sitzt oder am Herd steht oder im Bett liegt. Hätte auch immer die gleiche Frau sein können, das hätte mich nicht gestört.

Aber ewig blühen die Bäume und ewig die Leute im Zug und die Schranke hoch und runter. Und ich stehe da mit meinem Spaten. Ich wusste nicht, was es außer dem Garten, dem Zug, dem Bahnübergang, dem Haus und den blühenden Bäumen gab. Jetzt weiß ich es. Aber damals, als mir so langweilig war, wusste ich rein gar nichts.

Ich schulterte meinen Spaten und lief los. Die Schranken waren gerade oben, ich konnte glatt hindurchmarschieren. Da stand eine Mutter mit zwei Kindern, die winkten die ganze Zeit. Erst dachte ich, sie winken mir. Aber dann begriff ich, dass es ihr Schicksal war, zu winken, wie es mein Schicksal gewesen war, auf den Spaten gestützt im Garten zu stehen. Ich sprach sie an, fragte, ob sie nicht Lust hätten, mit mir ein wenig herumzuziehen. Aber sie schauten nur dort hin, wo gleich der Zug mit den immer gleichen Leuten vorbeikommen würde.

Ich grüßte und zog weiter.

Ich kam an einem Sägewerk vorbei und an einer Mühle. Bald standen die Häuser dicht an dicht. Ich schaute durch die Fenster hinein. Niemand war zu Hause. Vielleicht, weil alle im Zug saßen und winkten und Wurstbrote aßen.

War das das Leben? Gab es nicht noch etwas anderes?

Ich lief weiter. Da standen wieder kleine Häuschen mitten in Gärten. Überall blühten die Bäume. In den Gärten jäteten sie und harkten und säten aus. Und da, da stand einer wie ich und stützte sich auf seinen Spaten. Hellblaue Hose, dunkelblauer Pullover. Ich stellte mich ganz nah vor ihn und sagte „Du", schnell und laut sagte ich „Du", aber er rührte sich nicht.

Ich rannte weg, rannte und rannte, immer die Straße entlang, bis ich wieder einen Bahnübergang sah, die Schranken noch offen, aber das rote Licht leuchtete schon. Ich lief hindurch. Hinter mir schlossen sich die Schranken. Der Zug fuhr vorbei. Ich blickte mich nicht um. Ich wusste ja: die immer gleichen Leute.

Ich lief weiter, bis ich an den Rand kam, von dem ich damals noch nichts gewusst hatte. Plötzlich stand ich davor.

Mir wurde schwindelig, als ich hinabschaute. Es gab also kein Entrinnen. Ich war müde und legte mich schlafen.

Als ich wieder aufwachte, lag ich auf etwas Warmem, Weichem und jemand sprach mit mir mit einer gewaltigen Stimme, aber ich sah nicht den, der sprach.

„Na", sagte die Stimme, „dir war wohl langweilig?"

Ich fühlte mich ertappt.

„Ja", sagte ich, ohne zu wissen, ob es auch ein Ohr gab, das mich hörte.

„Willst du Musik hören und dabei Karussell fahren?", fragte die Stimme, und das, worauf ich lag, schwankte und wankte, brachte mich aber nicht in Gefahr.

„Willst du aufs Grammophon?"

Mein Herz klopfte, ich hatte Angst, und ich wollte da hin: aufs Grammophon.

Ich rief: „Ja!"

Und schon stand ich auf dem schwarzen Ding, das sich im Kreis dreht, immer im Kreis dreht, und ich hörte Musik.

Nachwort

Klaus Rainer Goll

Kennen lernen – aufeinander zugehen

Seit Kindheitstagen bis zum Fall der Mauer und dem Tag der Wiedervereinigung unseres Landes hatte ich es immer vor Augen: das Bild von Stacheldraht, Todesstreifen, Wachtürmen und Grenzsoldaten hinter der Grenze, in den Ohren aber das Bellen der Hunde, der Grenzhunde, vor allem nachts. Mir ist, als hörte ich es noch immer. Diese Grenzsituation hat ihre Spuren hinterlassen, hat mich geprägt, hat die Menschen geprägt, ob es sich nun um Bayern, Berlin, Schleswig-Holstein oder Brandenburg handelt. Immer hat die Grenze eine herausragende, eine beeinträchtigende, bewegende Bedeutung gehabt, immer hat sie eine besondere Rolle gespielt, mit der keiner wirklich glücklich sein und sich abfinden konnte. In Lübeck, der Grenzstadt, war es so, die Menschen in Brandenburg werden es nicht anders empfunden haben. Das jedenfalls zeigen mit unbestechlicher Deutlichkeit die Beiträge der Anthologie „Grenzfälle – Texte aus Brandenburg und Schleswig-Holstein". Diese Anthologie vereinigt zum ersten Mal Lyrik und Prosa einer ost- und einer westdeutschen Autorenvereinigung, die vereinsunabhängig voneinander bestehen. Dabei handelt es sich um den Verband deutscher Schriftsteller (VS) in der ver.di, Landesverband Brandenburg und den Lübecker Autorenkreis und seine Freunde e.V., der etwa 100 Mitglieder zählt und vor über 36 Jahren in Lübeck gegründet wurde.

Seitdem ist von ihm viel Literatur auf den Weg gebracht worden, sei es durch die Anthologien „treffpunkt" (1–3), beim weit über Schleswig-Holsteins Grenzen hinaus bekannt gewordenen Literarischen Frühschoppen oder bei den Internationalen Lübecker Literaturwochen, zu denen immer wieder vor und nach dem Mauerfall Autoren und Autorinnen aus Ost-Deutschland, aus Polen, Tschechien, der Slowakei, der Schweiz und anderen europäischen Ländern eingeladen wurden. Mit den Worten der Autoren und Autorinnen aber sollte die Mauer durchlässiger werden, transparenter. Da lag es nahe, möglichst viele DDR-Autoren nach Lübeck einzuladen. Und so kam es, dass ein gewisser Dialog zwischen Ost und West entstand, der auch nach dem Mauerfall weitergeführt wurde, weil er sich als unbedingt notwendig erwies. Noch schien lange Zeit die Mauer zu bestehen: in den Köpfen, in den Herzen. Noch waren die Unterschiede zwischen Ost und West zu groß, sie bestanden vehement, sind auch heute noch nicht völlig beseitigt.

Anlass genug für den Lübecker Autorenkreis, den Dialog durch Autorentreffs und Lesungen weiterzuführen. Und so verfiel ich dem Gedanken, die Litera-Tour ins Leben zu rufen, das heißt, einmal im Jahr mit dem Lübecker Autorenkreis und Literaturinteressierten aus der Öffentlichkeit in eines der neuen Bundesländer zu fahren, unter dem Motto: „Kennen lernen – aufeinander zugehen". Diese Veranstaltung, die zwischen einem und drei Tagen dauert, folgt den Spuren eines Dichters, eines Künstlers oder einer anderen Persönlichkeit, die es gilt, genauer kennenzulernen.

In den 25 Jahren der Litera-Tour haben der Lübecker Autorenkreis und seine Freunde in den neuen Bundesländern viel bisher Unbekanntes gesehen, erlebt, kennengelernt, vertiefend in sich aufgenommen. 2012 war das Ziel der Litera-Tour Frankfurt (Oder), also Brandenburg, auf den Spuren von Heinrich von Kleist (235. Geburtstag). Es gab im Kleisthaus, damals noch unter der Leitung von Dr. Wolfgang de Bruyn, eine sehr gelungene gemeinsame Lesung. Dabei lernten wir mehrere Mitglieder des Brandenburger VS kennen, darunter die Vorsitzende Carmen Winter aus Frankfurt (Oder) und Till Sailer aus Bad Saarow.

Der Brandenburger Landesverband des VS in der ver.di existiert seit 1992 und hat über 50 Mitglieder. Als Teil der Gewerkschaft bemüht er sich um Autorenförderung. Sein Augenmerk gilt aber gleichfalls literarischen Aktivitäten. In der Reihe „Wider das Vergessen" erinnern die Mitglieder regelmäßig an bedeutende Schriftsteller der Region; zuletzt Stephan Hermlin bzw. Johannes Bobrowski. In bisher drei Anthologien kamen Vertreter des Landesverbandes zu Wort, etwa in „Kinder, die wir waren" (2014), womit der fruchtbare Kontakt des Landesverbandes zum Verlag für Berlin-Brandenburg begann.

Die Lesung zu Ehren des von beiden Seiten verehrten Dichters Heinrich von Kleist verlief sehr erfolgreich. Offensichtlich bestand von Anfang an Sympathie zwischen den Angehörigen beider Autorenvereinigungen. So begrüßten die Brandenburger spontan unser Lübecker Motto „Kennen lernen – aufeinander zugehen". Das brachte mich bei einem Spaziergang an der Oder, dem Grenzfluss zu Polen, auf die Idee für das Projekt einer gemeinsamen Anthologie zum Thema „Grenze". Auch entwarfen Carmen Winter und ich einen Plan für weitere Autorentreffen in Schleswig-Holstein und Brandenburg. Mit unserer Begeisterung für diese Vorhaben konnten wir Till Sailer und den übrigen Vorstand des VS Brandenburg anstecken. Aus diesem legendären Treffen sind inzwischen Freundschaften entstanden, abwechselnde Einladungen zu Lesungen erfolgt, die längst fester Bestandteil beider Autorenvereinigungen geworden sind.

Es galt nun, den einmal gefassten Gedanken einer Anthologie in die Tat umzusetzen. Das ist inzwischen geschehen. Die Anthologie enthält Texte von insgesamt 39 Autoren und Autorinnen, davon 17 aus Brandenburg und 22 aus Schleswig-Holstein, wobei die Schleswig-Holsteiner Literaten nicht alle im Land zwischen den Meeren leben, aber alle dem Lübecker Autorenkreis angehören und auf diese Weise mit Schleswig-Holstein und der Hansestadt Lübeck aufs Engste verbunden sind.

Der Aufruf zur Beteiligung an der Anthologie sah neben Prosatexten auch Gedichte, aber keine Sachtexte vor. Inhaltlich wurde der Begriff „Grenze" erweitert. So konnte etwa die endlich oder doch noch nicht überwundene

Grenze zwischen Ost und West Gegenstand der Texte sein oder die Grüne Grenze, auch die Grenzen, die man der Willkür setzen muss; die Grenzen des Erlaubten oder die Grenzen der Geduld, auch Grenzen, die uns manipulierend einengen, schließlich die allerpersönlichsten Grenzerfahrungen nicht zu vergessen.

Das Thema „Grenze" war allgemein und doch so umfassend, und dennoch haben sich die meisten Autoren und Autorinnen aus Brandenburg und Schleswig-Holstein für eigene Erlebnisberichte über die innerdeutsche Grenze entschieden, aber auch ihre Fluchterlebnisse nach dem 2. Weltkrieg thematisiert. Das beweist, wie sehr dieses Thema noch unter den Nägeln brennt. Doch werden auch die anderen Modifikationen zur Sprache gebracht, so dass die Grenzen innen und außen oft fließend sind und damit zu „Grenzfällen" werden, zu Grenzsituationen, wie sie sich in Landschaften – Flucht, Vertreibung über Grenzen hinweg – oder im Menschen selbst abspielen, in Konflikten und Entscheidungen etwa. Dies alles berührt Vergangenheit und Gegenwart und reicht in der Tat bis ins kriegsgeschundene Aleppo unserer Tage und zu den heutigen Fluchtbewegungen hin. Alles sind Grenzfälle, sind Grenzerfahrungen, die Menschen machten und noch immer machen. Es mag Zufall sein, dass die lyrische Aufarbeitung des Grenz-Themas unterschiedlich umfangreich auf beiden Seiten erfolgte. Kein Zufall ist es, dass aus Schleswig-Holstein niederdeutsche Texte eingereicht wurden, der Sprachkultur des nördlichsten Bundeslandes geschuldet. Niederdeutsch als selbstständige Sprache gehört zu Schleswig-Holstein und durfte und sollte in dieser Anthologie nicht fehlen.

Die Reihenfolge der Autoren und Autorinnen erscheint im Textteil alphabetisch. Damit soll nicht nur optisch, sondern ganz konkret auf das Gemeinsame, Verbindende, Vereinigte, gleichberechtigt ineinander Verknüpfte hingewiesen werden, auf das, was das Motto der Litera-Tour in seinem Kern enthält: die Überwindung des Trennenden,

Unbekannten. Doch ist bei den biografischen Angaben zugunsten der besseren Orientierung eine alphabetische Aufteilung in Ost und West vorgenommen worden.

Diese gemeinsame Anthologie des VS Brandenburg und des Lübecker Autorenkreises, diese in ihrer Art erste gesamtdeutsche Anthologie, ist grenzüberwindend und grenzüberschreitend und keineswegs selbstverständlich. Sie ist zeichensetzend und vereint uns in der literarischen Bewältigung des Themas „Grenze", die uns vor Zeiten einmal doch getrennt hat, nach innen, nach außen, und sie lässt hoffen, dass der noch mögliche Schmerz unter den Narben eines Tages verschwunden sein wird.

Klaus Rainer Goll / Lübecker Autorenkreis und seine Freunde e.V.
Lübeck, Dezember 2016

Danksagung

Wir danken dem Ministerpräsidenten a.D. des Landes Brandenburg, Manfred Stolpe, und dem Ministerpräsidenten a.D. des Landes Schleswig-Holstein, Björn Engholm, die mit ihren Geleitworten diese Anthologie bereichert haben. Weiterer Dank gilt dem Ministerium für Wissenschaft, Forschung und Kultur des Landes Brandenburg, der Gewerkschaft ver.di, dem Kulturwerk Brandenburgischer Schriftsteller, der Gemeinnützigen Sparkassen-Stiftung zu Lübeck sowie dem Verlag für Berlin-Brandenburg für ihre Unterstützung. Unser Dank gilt nicht zuletzt Lina Goll für ihren tatkräftigen, hilfreichen Einsatz und der Lektorin Sophie Charlotte Bentzien für ihre herzliche und sachkundige Betreuung.

Die Herausgeber

Die Autoren aus Brandenburg

Barbara Ahrens, lebt in Berlin, Mutter Danzigerin, auf deren Flucht 1945 in Lehsen (Mecklenburg) geboren, Vater Berliner, Studium in Freiburg i. Br., Lehrerin, Journalistin, zahlreiche Kurzkrimi-Veröffentlichungen, ein Roman (ariadne-Krimi 2005).

Thomas Bruhn, Berliner Jahrgang 1952, lebt in Cottbus. Sportschule, Rock-Band, Studium Humboldt-Universität, Liedertheater Karls Enkel, Volksbühne Berlin. Arbeiten für Neues Deutschland, u. a. *Das großartige Wiederhabenwollen*, Roman.

Ines Gerstmann, geb. 1970, lebt in Frankfurt (Oder), arbeitet als Intensivschwester und Schriftstellerin; schreibt Prosa, experimentiert mit Text, Ton und Sprachen, zuletzt erschienen *Letterling,* in Vorbereitung *Chronik einer Fußreise.*

Wolf D. Hartmann, geb. 1946, lebt in Bad Saarow, studierte an der TU Dresden, nach Professur für Innovationstheorien in Berlin und Witten/Herdecke seit 2006 freier Autor, zuletzt (mit Illustr. v. Gertrud Zucker) *Hilfe, die Russen kommen.*

Rita König, geb. 1962, lebt in Rathenow, Diplom-Betriebswirtin (FH), seit 2008 freie Autorin, zuletzt: *Rot ist schön*, Roman.

Klaus Körner, geb. 1946, wohnt in Petershagen/Eggersdorf, Musikstudium (wg. Erkrankung abgebrochen) Jurastudium, Publizist, Dichter, Sozialrechtler, Politiker. Zuletzt: *Die Zerstörung des Hauses*, Roman, 2011, Beiträge in *Kinder, die wir waren*, 2014, *Berlin ist auch eine schöne Gegend*, 2016.

Matthias Körner, geb. 1954, lebt bei Cottbus, Landwirtschafts-Studium Berlin, Literatur-Institut Leipzig, Autor (Roman, Film, Theater, Hörspiel), zuletzt *Der leise Frieden mit dem Krieg*, Feature, MDR.

Ursula Henriette Kramm Konowalow, geb. 1952, lebt in Mankmuß, Lyrikerin, Theologin, Arbeit in verschiedenen Berufen, 3 Kinder, *mondkadenzen*, Gedichte, 2012, *bogensprünge*, Erzählungen, 2013.

Lonny Neumann, geb. 1934 in Prenzlau, lebt in Potsdam. Institut für Lehrerbildung Frankfurt (Oder), Lehrerin in Potsdam und Seewalde, Literatur-Institut Leipzig, zuletzt erschienen *Aus Jahr und Tag*, 2016.

Monika Nothing, geb. 1942, lebt in Schwarzheide, Med. Fachschule Cottbus, Literatur-Institut Leipzig, MTA/Journalistin, ab 1976 freie Autorin, zuletzt: *Zu den Wurzeln steigen*, Roman.

Michael Nowka, geb. 1934, lebt in Brandenburg a. d. Havel, Studium zum Agraring. und am Literatur-Institut Leipzig, schreibt Lyrik und Prosa, u. a. *Der Hochsitz*, *Moorprinzess*.

Till Sailer, geb. 1942, lebt in Bad Saarow, Studium Musikhochschule Weimar, Literatur-Institut Leipzig, Rundfunkjournalist, seit 1980 freier Autor, zuletzt *So groß die Last – Zwölf Kapitel Paul Gerhardt*, Roman, 2016.

Hartmut Schatte, geb. 1945, lebt in Cottbus, Dipl.-Päd., Promotion, bis 2006 Ltr. Fachschule f. Sozialwesen Cottbus, Erzählungen, Romane, Landschaftsmonographien, zuletzt: *Schlesischer Himmel und Lausitzer Erde* und *Die Realität ist schlimmer als die Wirklichkeit*, Aphorismen.

Reinhard Stöckel, geb. 1956, lebt in der Niederlausitz (Brandenburg), Dipl. Bibliothekar (FH), Studium am Leipziger Literatur-Institut, tätig im IT-Service, zuletzt veröffentlicht *Der Lavagänger*, Roman.

Gerda Weinert, geb. 1936, lebt in Beeskow, Gärtnerin, Lehrerin, Studium am Literatur-Institut Leipzig, schrieb Erzählungen, Literarische Feuilletons, Reisebeschreibungen, u. a. *und niemand sang Kalinka. Eine Reise ins Russische.*

Jana Weinert, geb. 1966, lebt in Potsdam, Schriftsetzerin, Sozialpädagogin, Studium der Literaturwissenschaft (Magistra), Lyrik, Kurzprosa, u. a. *Die Früchte aus Nachbars Garten.*

Carmen Winter, geb. 1963, lebt in Frankfurt (Oder), Germanistikstudium Humboldt-Universität Berlin, 1999 bis 2015 freiberufliche Autorin, Landesvorsitzende VS Brandenburg, letzte Veröffentlichung *Spreewald-Reiseführer.*

Die Autoren aus Schleswig-Holstein

Leonide Baum, geb. 1937, lebt in Gadebusch (Mecklenburg), Pädagogikstudium in Dresden, Lehrerin, zuletzt erschienen: *50 Jahre BESSARABIENREISEN. eine Erfolgsgeschichte Edwin und Olga Kelm*, 2016.

Dr. Dieter Bührig, geb. in Lübeck; Studium an der TU Berlin und der Musikhochschule Berlin, Tonmeister in Hamburger Studios, Studienrat am Katharineum für Musik und Physik; seit 2010 Romanautor von u. a.: *Der Klang der Erde, Der Tod der Bänkelsängerin.*

Therese Chromik, geb. 1943, lebt in Husum und Kiel. Studium der Germanistik u. a. in Marburg und Kiel. OSTD'in, Promotion in Breslau 2012, Gryphiuspreis, Lenaupreis u. a.; zuletzt erschienen: *Ida Dehmel. Ein Leben für die Kunst,* 2015.

Klaus Rainer Goll, 1945 Lübeck, lebt in Gr. Sarau/S-H; Studium in Kiel; Gründer u. Vors. d. Lübecker Autorenkreises; u. a. 1974 Gold. Federkiel f. Lyrik, 1986 Heinrich-Mann-Plakette, 1985 Kulturpreis Stiftung Hzgt. Lauenburg; *denn alles sind spuren*, Gedichte, 2016.

Jürgen Haese, geb. 1934 in Elbing/Westpr., Sozialphilosophie, Publizistik, Kunstgeschichte an der FU Berlin. Dr. phil.; Autor u. Regisseur von Dok.-Filmen. Div. Auszeichnungen, seit 1999 freier Autor in Lübeck.

Dieter Haker, geb. 1936, lebt in Bäk bei Ratzeburg (S-H), aufgewachsen in Schwerin, flüchtete 1953 nach Westdeutschland, Ingenieur und niederdt. Autor; zuletzt Veröffentlichungen in niederdt. Zeitschriften und Broschüren.

Brigitte Halenta hat bis 2010 als Psychotherapeutin in eigener Praxis in Lübeck gearbeitet. 2007 erschien ihr Roman *Die Breite der Zeit* (Orlanda). Seitdem Kurzprosa in Literaturzeitschriften und drei weitere Romane, zuletzt *Der Eine,* 2016.

Gisela Heese, geb. 1947, lebt in Lübeck, Studium Vor- u. Frühgeschichte/Völkerkunde (Münster, Hamburg), Stadtarchäologin, Reederin, seit 2001 freie Schriftstellerin, ab 2012 Redakteurin. *Kino-Kinder Bd. 1–3* (2009–13), *Seefrauengeschichten*, 2011.

Bodo Heimann, geb. 1935 in Breslau, lebt in Kiel (S-H); Studium in Freiburg, Berlin und Frankfurt, Promotion 1962, lehrte an Universitäten in Haiderabad (Indien), Kiel und Edmonton (Kanada); zahlreiche Veröffentlichungen; Eichendorff Literaturpreis, Nikolaus Lenau Preis u. a.

Christa Heise-Batt, geb. 1937, lebt in Norderstedt (S-H), Sprachenstudium in Hamburg, Exportkauffrau, viele Jahre Übersee-Reisen für Exportfirma. Seit 1985 niederdeutsche Schriftstellerin und Schauspielerin. Bücher und CDs erschienen im Quickborn-Verlag, Hamburg.

Andrea Jeska, geb. 1964, lebt bei Lübeck und arbeitet als freie Journalistin (u. a. Die ZEIT, GEO, Chrismon, FR) und Buchautorin, zuletzt erschienen: *Simbabwe. Agonie oder Aufbruch?*, Brandes & Apsel 2013. Meist ist sie in Afrika unterwegs.

Charlotte Kliemann, geb. 1952, lebt in Lübeck, Studium der Medizin, der Literaturwissenschaft und Philosophie; heute selbstständige Lektorin und Autorin; zuletzt erschienen: *Von Schatten begleitet*, Roman, 2. Auflage 2016.

Thomas Klugkist, geb. 1965, lebt in Berlin, Studium/Promotion Neuere Deutsche Literatur in Berlin; Rundfunkjournalist, Medienmanager, Zeitschriftenverleger, seit 2012 freier Autor; zuletzt erschienen: *Hanna und Sebastian*, Roman, C.H. Beck, 2014.

Eckhard Lange, geb. 1935, Studium der ev. Theologie in Bethel, Heidelberg und Hamburg, 30 Jahre Gemeindepastor in Lübeck, wo er lebt. Schrieb zahlreiche Choraltexte, im Ruhestand dann sieben Romane, mehrere Erzählungen und religionsgeschichtliche Essays.

Elisabeth Melzer-Geissler, geb. 1950, Horst (S-H); Studium in Weimar, Leipzig, Reutlingen, Stuttgart: Musik, Theologie, Pädagogik. Freiberufliche Autorin und Musikerin. Kurzprosa und Lyrik ab 2003. Gedichtbände *Träumen* und *Vertrauen*, 2016.

Regine Mönkemeier, Juristin, betreibt den Marien-Blatt Verlag und eine Bleisatzwerkstatt in Lübeck. Sie veröffentlichte Einzeltitel, zahlreiche Beiträge in Zeitschriften und Anthologien aus Wettbewerben sowie die Literaturzeitschrift *Der Dreischneuß*, 2016.

Friedrich Mülder, geb. 1932, lebt in Solla (Bayern), Studium Architektur u. Bildende Künste, Diplom-Designer u. Autor, seit 1990 freier Schriftsteller, zuletzt erschien: *Die Würde der Arbeit zwischen Macht, Dichtung und Glauben*, Essays, 2014.

Parijato (Guntram Muster), geb. 1953, lebt in Lübeck, Familie mütterlicherseits aus Sachsen, schreibt Dichtung und Aphorismen, zuletzt erschienen: *Mitte des Windes (Meer und Schiff)*, Marien-Blatt Verlag, Lübeck, 2014.

Józef Pless, geb. 1950 in Grudziadz / ehem. Graudenz (Polen), lebt in Lübeck und Warschau, Theater-Regisseur, Schauspieler, Journalist, freier Autor, Lyrik u. Prosa (Roman), Vorstandsmitglied im Lüb. Autorenkreis; mehrere Auszeichnungen; *Das Bild der ausgetrockneten Gewässer*, Gedichte (dt./poln.).

Doris Runge, geb. 1943 in Carlow, Studium in Kiel, lebt in Cismar/OH, u.a. 1997 Liliencron-Doz. CAU-Kiel, 1997 Fr. Hölderlin-Preis, 1998 Kunstpreis S-H, 1999 Poetik-Prof. Uni Bamberg, 2009 Prof. des Landes S-H, 2011 Aufnahme Akademie der Wissenschaften und Lit. Mainz, März 2017 neue Gedichte, Wallstein.

Romy Salvagno, geb. in Pommern; studierte an der Bankakademie Düsseldorf; lebt in Pohnsdorf/Ostholstein als Freie Erfinderin, Künstlerin, Lyrikautorin; sieben Lyrikpreise, zwei eigene Lyrikbände: *Versblüten* und *Zeitkörner unter Fluten*; 2015 hat sie *ROMYs Skulpturen- und Versblüten-Garten* eröffnet.

Dr. med. Jürgen Schwalm, geb. 1932 in Leipzig. Lebt in Lübeck. Seit 1985 Lektor, von 1985-2003 Herausgeber des Almanachs deutschsprachiger Schriftsteller-Ärzte. Zuletzt erschien zum Luther-Jahr 2017 der Essay: *Ein Lutherbrief und seine Folgen*, 2016.